Das Buch

Anna Engelke lebt schon seit fünf Jahren dort, und Jörg Thadeusz hat sie mehr als vierzig Mal dort besucht: in Amerika. Das liegt weniger an der viel beschworenen Weite des Landes oder am Traum vieler Männer, einmal den mittelalten Leib auf eine Harley-Davidson zu wuchten und auf der Route 66 Gas zu geben. Anna Engelke und Jörg Thadeusz geht es stattdessen um »den Amerikaner«, den es natürlich genauso wenig gibt wie »den Deutschen«. 313 Millionen Menschen leben in den USA. Manche sind gerade erst angekommen, andere leben schon so lange dort, dass sie genau erklären können, warum sie eine Südstaaten-Flagge am Auto wütend macht.
In sechzehn liebevollen und höchst amüsanten Porträts wird gezeigt, wie viel Platz das große Land zwischen zwei Ozeanen den Menschen lässt. Politisch, persönlich und kulinarisch. Ein Buch für alle, die Amerika lieben.

Die Autoren

Jörg Thadeusz, geboren 1968, Journalist, Moderator und Autor. Für seine Außenreportagen bei »Zimmer frei« erhielt er den Grimme-Preis. Er moderiert die Talksendung »Thadeusz« sowie mehrere Sendungen im RBB-Radio. Bei Kiepenheuer & Witsch erschien von ihm: »Rette mich ein bisschen« 2003; »Alles schön« 2004; »Aufforderung zum Tanz« (gemeinsam mit Christine Westermann) 2008 sowie »Die Sopranistin« 2011.
Anna Engelke, aufgewachsen in Dortmund. Ihren ersten Kontakt mit den USA hatte sie 1986 als Austauschschülerin in New Jersey. Seit fünf Jahren arbeitet sie in Washington als USA-Korrespondentin für NDR und WDR. Davor berichtete sie als Parlamentskorrespondentin für den NDR aus Bonn und später aus dem ARD-Hauptstadtstudio in Berlin.

1292

Für Hilly
und Brenda

Anna Engelke
Jörg Thadeusz

DIE VEREINIGTEN ZUTATEN VON AMERIKA

Lebensgeschichten aus
einem großartigen Land

Kiepenheuer & Witsch

Verlag Kiepenheuer & Witsch, FSC® N001512

2. Auflage 2012

© 2012, Verlag Kiepenheuer & Witsch, Köln
Alle Rechte vorbehalten. Kein Teil des Werkes darf in
irgendeiner Form (durch Fotografie, Mikrofilm oder ein anderes
Verfahren) ohne schriftliche Genehmigung des Verlages
reproduziert oder unter Verwendung elektronischer Systeme
verarbeitet, vervielfältigt oder verbreitet werden.
Umschlaggestaltung: Barbara Thoben, Köln
Umschlagmotiv und Schrift: © Marion Goedelt Illustration
Herstellung Innenteil: Claudia Rauchfuß
Gesetzt aus der Chaparral
Satz: Buch-Werkstatt GmbH, Bad Aibling
Druck und Bindung: CPI – Clausen & Bosse, Leck
ISBN 978-3-462-04451-5

Inhaltsverzeichnis

Vorwort 7

 Zutat Licht 11
Mike Mitchell

Zutat Appetit 23
Jane und Michael Stern

 Zutat Träume 35
Cindy Lovell

Zutat Gewinnen 47
Ford O'Connell

 Zutat Freiheit 57
Monika und Karel Vitek

Zutat Gerechtigkeit 67
Charles McGee

 Zutat Wissen 77
Mechthild Prinz

Zutat Furchtlosigkeit 89
Patty und Alan Register

Zutat Humor   97
Elaina Newport

Zutat Wind   107
Cliff Etheredge

Zutat Frieden   115
Jackie Northam

Zutat Geschmack   127
Walter Scheib

Zutat Nächstenliebe   145
Hannah Hawkins

Zutat Pioniergeist   155
Laura Seward

Zutat Fingerfertigkeit   167
Rudi Genewsky

Zutat Gastfreundlichkeit   177
Larry Pearce

Zutat Dankbarkeit   189

Vorwort

Alle sehen gut aus.

Tolle Klamotten. Die Frauen fabelhaft frisiert. Selbst die Krawattenmuffel unter den Herren haben sich etwas Seidenes um den Hals gebunden.

Dann der Moment, auf den immer alle warten. Hochzeitsmarsch. Jetzt kommt die Braut. Am Arm des Vaters macht sie sich auf den Weg durch den Mittelgang der Kirche. Schon die Ersten, die sie sehen, können leider nicht anders. Bald lacht die gesamte Gemeinde. Der Braut ist ihre Aufmachung missverständlich geraten. Leider sieht sie aus, als hätte sie sich nicht mehr befreien können. Als sei sie auf dem Weg zur Vermählung unter der Wohnzimmergardine begraben worden. Später werden sich die Besserwissenden unter den Gästen zuraunen, sie hätten sich sowieso nie erklären können, warum sich der Bräutigam gerade diese Frau ausgesucht hat.

Diese Geschichte ist uns so zugetragen worden.

Bitter für die Braut, die doch vor allem schön sein wollte.

Hoffentlich kann sie mittlerweile selbst lachen, wenn sie sich an den misslungenen Auftakt ihres Ehelebens erinnert.

Wir können aber aus einem ganz anderen Grund auch den Bräutigam verstehen. Denn wir haben die vergangenen fünf Jahre mit einer Braut verbracht, die niemand versteht.

Immer wieder sind wir mit den Vereinigten Staaten von Amerika wach geworden. Das war meistens gut. Wir haben uns die USA angesehen und waren immer wieder begeistert. Oder auch befremdet. In dem Sinn, dass wir irgendwo ankamen, wo vieles für uns völlig neu war. Warum ist Montana so groß, und warum ist da eigentlich keiner? Was hat der Koch in New Orleans alles in den Topf geworfen, und was davon ist gesundheitsschädlich? Warum ist rund um Seattle so überdurchschnittlich viel erfunden worden?

Sie wurde eigentlich immer aufregender, diese Braut mit den weiß-roten Streifen und den fünfzig sternfunkelnden Augen.

Wenn wir auf Freunde, Bekannte oder Arbeitskollegen in Deutschland trafen, war aber auch schnell klar, dass wir unsere neue Liebe bitte still genießen sollen.

Jeder ist über die USA im Bilde. Oder hat zumindest ein solides Urteil, gebildet aus den vielfältigen Erfahrungen eines fünftägigen New-York-Weihnachtseinkaufs.

Wer erwähnt, dass er soeben aus Amerika gekommen ist, stellt sich bei einer Berliner oder Hamburger Abendeinladung sofort in einen Floskelschauer.

»New York ist nicht Amerika«, tönt es dann aus denen, die in der Mitte des Landes behämmerte Sektierer erwarten. Die zum Glück bald alle platzen werden, weil »die Amis ja so fett sind«.

Wer dann sagt, er sei nicht aus New York, sondern aus Washington D.C. angereist, der wird gefragt, ob es dort nicht schrecklich langweilig sei. Der Frager erwartet keine Antwort. Sondern gibt sie sofort selbst. Total langweilig, dieses Washington, wie Bonn. Und überhaupt, die amerikanische Politik. Obama ist gescheitert, auf ganzer Linie. Am Anfang unseres USA-Abenteuers war George W. Bush noch Präsident. Da warf sich so mancher jung gebliebene Hörfunkredakteur in rebellische Pose und erklärte, warum er unter solchen politischen Bedingungen nicht bereit sei, in die USA zu reisen. Das Schlottern über diese Boykottdrohung haben wir in Washington D.C. anschließend hautnah gespürt. Der Mann reiste lieber zum demokratischen Abtauchen an den Teil des Roten Meeres, den damals noch der Diktator Hosni Mubarak beherrschte.

Das ließe sich fortsetzen. Insbesondere wenn die Politik einer US-Regierung zum Objekt moralischer Empörung in Deutschland wird, ist kein Superlativ super genug. Dann stößt die germanische Erregungsdrüse ununterbrochen Tugendsekret aus.

Hätten Millionen Amerikaner unseren Großeltern immer noch so viele Care-Pakete geschickt, wenn sie gewusst hätten, dass unsere Altvorderen doch nur besserwisserische Kinder bekommen?

Wir möchten mit diesem Buch nicht Klassenbeste in der Schlaumeier-Schule werden. Wir können nicht aus Hinterzimmern der Macht berichten, weil wir uns dort nie aufgehalten haben. Wir wissen allerdings, dass diejenigen, die gerne eingeweiht tun, von diesen Hinterzimmern höchstes etwas ahnen. Wir können nicht vorausberechnen, wann die USA endgültig untergehen werden. Wir hoffen aber, dass das gar nicht passiert.

Stattdessen möchten wir Ihnen Freunde vorstellen. Einige Bekannte und Zufallsbekanntschaften. Mit ihren Lebensgeschichten, die sich vielleicht woanders so ähnlich hätten abspielen können. Vielleicht aber auch nicht. Bitte entscheiden Sie, ob und was Ihnen an den vorgestellten Persönlichkeiten amerikanisch vorkommt.

Wir sind allerdings in einem Punkt nicht kompromissbereit: Kürzlich erzählten wir einer Kollegin, wir würden uns in einem Buch unter anderem damit beschäftigen, was die Amerikaner gerne essen.

Sie ließ uns ganz abgeklärt an ihrer Expertise teilhaben und meinte, das würde ja dann wohl ein sehr kurzes Buch.

Wir waren beim besten Willen nicht überall. Aber wir waren von oben nach unten und von links nach rechts in diesem Land unterwegs. Wir haben dieses Buch in Portland, Oregon, begonnen und in Santa Fé, New Mexico, beendet. Selbst wenn wir uns ausschließlich mit dem Essen der Einheimischen beschäftigt hätten, könnte es dreimal so dick sein.

In diesem Buch sind die Geschichten von sechzehn Menschen in Amerika aufgeschrieben. Personen, zu denen wir »Ja« sagen. Gleichgültig, unter welcher Gardine sie hervorkrabbeln.

Anna Engelke
Jörg Thadeusz

Zutat

Licht

Die Beatles waren in seinem Keller. In einem Karton mit der Aufschrift ›Beedles‹ hat der Washingtoner Fotograf **Mike Mitchell** Bilder vom ersten Konzert der Band in den Vereinigten Staaten aufbewahrt. Im Sommer 2011 saß Mike Mitchell im Auktionshaus »Christie's« in New York City und sah die Gebote für seine Fotos steigen.

Mike Mitchell erinnert sich noch genau an das erste Mal. 1964 hat er zum ersten Mal in seinem Auto, einem alten Chevy, die Beatles gehört. Er war in Oxon Hill in Maryland unterwegs. In diesem Vorort südlich von Washington D.C. ist er aufgewachsen. In kleinen Verhältnissen. Aus dem Lautsprecher seines Autoradios sangen die vier Jungs aus Liverpool gerade »I want to hold your hand«. »Mich hat es sofort erwischt«, erzählt der heute 66-Jährige. »Die Musik war so mächtig, so kraftvoll. So etwas hatte ich noch nie vorher gehört.« Mike wollte nur noch eins: »Diese Band sehen.« Er hatte Glück: Die Beatles sollten in Washington ein Konzert geben – ihr allererstes

Konzert in den USA. Die britische Band hatte zwar schon Millionen Fans in Europa, nicht aber in den Vereinigten Staaten. In den USA wurden die Beatles belächelt. Als eine britische Band, die amerikanischen Rock'n'Roll und Elvis nachspielt. Über die exzentrische »Beatlemania« in Großbritannien berichteten die US-Medien mit Distanz und Verwunderung – wenn überhaupt. Anfang 1964 änderte sich das allerdings. Mitgeholfen hatten dabei über fünf Millionen Plakate, auf denen landesweit für die Ankunft der Beatles in den USA geworben wurde. Und natürlich die Musik. Weniger als drei Wochen nach Erscheinen von »I want to hold your hand« hatten die Amerikaner 1,5 Millionen Singles gekauft. Der Song landete auf Platz eins. Den ersten Live-Auftritt der Beatles im amerikanischen Fernsehen bei der beliebten ›Ed Sullivan Show‹ verfolgten 75 Millionen Menschen. In Anbetracht von damals 190 Millionen US-Bürgern eine absolute Traumquote. Mike Mitchell saß auch zu Hause vor dem Fernseher. Zu diesem Zeitpunkt hatte er sich schon eine Karte für das Beatles-Konzert gesichert. Der 18-Jährige arbeitete seit vier Jahren nebenher als Fotograf. Für ein kleines Magazin in Washington, das es heute nicht mehr gibt. Er hatte seine Herausgeber bekniet, ihm eine Pressekarte zu besorgen. Und so konnte Mike Mitchell zwei Tage nach der ›Ed Sullivan Show‹ zum allerersten Konzert der Beatles in den USA gehen. Am 11. Februar 1964 im ›Coliseum‹. Damals eine große Sportarena in Washington, heute ein heruntergekommenes Parkhaus. Mit seiner 35mm Nikon in der Hand besuchte der junge Fotograf das Konzert. Geld für ein Blitzlicht hatte er nicht. Mike war auf das Licht angewiesen, das es im ›Coliseum‹ gab. Auf die Scheinwerfer, auf die Bühnenbeleuchtung. Die Arbeitsbedingungen für Mike und die anderen Fotografen im ›Coliseum‹ waren traumhaft. »Es wurde alles sehr locker gehandhabt«, schwärmt Mike. Kein Vergleich zu den strikten Auflagen und Absperrungen, mit denen sich Bildberichterstatter heute herumzuschlagen haben. Und vor allem: Es waren nur wenige Fotografen bei diesem Konzert. »Die etablierte Presse war immer noch skeptisch, und viele Journalisten haben die Beatles auch einfach nicht verstanden, weil sie einer anderen, einer älteren Generation angehörten«, erklärt Mike die überraschend geringe Anzahl. Er konnte sich völlig frei in der Konzerthalle bewegen. Während des Auftritts sogar auf die Bühne steigen. »Keiner hat mich aufgehalten«, sagt der Fotograf und schüttelt darüber noch heute ungläubig den Kopf. Die Beatles spielten sich im ausverkauften ›Coliseum‹ »die Seele aus dem Leib«, so beschreibt Mike ihr Konzert. Die Bühne war der Boxring genau in der Mitte der Halle. Vor, hinter und neben den Beatles rasteten die 8000 Glücklichen aus, denen es gelungen war, eine Karte zu bekommen. Das Gekreische der Fans war derart laut, dass sich die wachhabenden Polizisten gegen den Lärm Patronen in die Ohren steckten, erzählt Mike. Wie ungewöhnlich nah er an die Band herankam, ist in einem Dokumentarfilm über das Beatles-Konzert im ›Coliseum‹ zu sehen. Ab und zu huscht da ein junger Mann mit dunklen Haaren und einer Kamera ohne Blitzlicht am Boxring vorbei: Mike Mitchell. Seine Fotos der USA-Premiere der Beatles bekam allerdings kaum jemand zu Gesicht. Die Herausgeber des kleinen Washington-Magazins druckten gerade mal drei Bilder ab. Daneben veröffentlichten sie einen Text über die Beatles, der Mike heute noch peinlich ist. »Die Herausgeber haben auch zu denen gehört, die nicht kapiert haben, was die Stunde geschlagen hat.« Mike nahm seine etwa 15 Filme von dem Konzert im ›Coliseum‹ mit nach Hause und packte sie in eine Kiste mit der Aufschrift ›Beedles‹. Dort blieben sie.

»Ich habe sie nie vergessen. Ich wusste immer, dass es sie gibt, aber ich hatte andere Dinge zu tun«, sagt Mike Mitchell über seine Beatles-Bilder. Der Auftrag, das erste Konzert der Briten in den USA abzulichten, war für ihn der Anfang seiner Karriere. Seitdem arbeitete er als Fotograf. Durchaus gut bezahlt als kommerzieller Fotograf, als Künstler jedoch mit weniger Fortune. In der schweren Immobilienkrise 2007/2008 geriet Mitchell finanziell heftig ins Schlingern. »Ich kann nicht besonders gut mit Geld umgehen«, räumt Mike ein. Er kam mit der Ratenzahlung für sein Haus in Washington in Verzug. Dort hatte er sich inzwischen ein Foto-Atelier ganz nach seinem Geschmack eingerichtet. Eine Spiegelkonstruktion auf dem Balkon sorgte für maximales Licht in seinem Studio. Denn Licht spielte und spielt in seiner Arbeit eine große Rolle. Damals bei dem Beatles-Konzert aus purer Not – weil er kein Blitzlicht hatte. Aber aus dieser Not hat der Fotograf im Laufe der Jahre eine eigene Kunstform gemacht. »Ich fotografiere Licht«, so beschreibt Mike seine Fotoarbeiten. Als es dann 2008 für ihn finanziell immer enger wurde, erinnerte er sich an die Filme mit den Beatles-Aufnahmen im ›Coliseum‹. »Sind die Bilder wohl was wert?«, fragte sich Mike und ging in den Keller, um zwischen Hunderten von Filmen und Negativen nach der ›Beedles‹-Kiste zu suchen. Sie war tatsächlich noch da. Mehr als vierzig Jahre hatte er sie nicht geöffnet. Die Negative darin: ein Schatz. Den er aber erst mit modernen Entwicklungsmethoden so richtig zum Funkeln bringen musste. »Foto-Archäologie« nennt Mike Mitchell das, was er mit den Negativen gemacht hat. Befreit von Staub und Kratzern, bearbeitet mit neuester Digitaltechnologie kamen unglaublich schöne, regelrecht magische Bilder zum Vorschein. Alle in Schwarz-Weiß. Nahaufnahmen von John Lennon, Paul McCartney, Ringo Starr und George Harrison. Bilder von den Beatles, wie es sie sonst kaum gibt auf der Welt. Und in jedem Foto spielen Licht und Schatten eine ganz besondere Rolle. »Ohne Blitz blieb mir nichts anderes übrig, als mich vom Licht leiten zu lassen«, so der Fotograf. »Nicht ich habe mit dem Licht gearbeitet, sondern das Licht mit mir.« Mikes größter Stolz ist eine Aufnahme, die die vier von hinten zeigt. Das Scheinwerferlicht im ›Coliseum‹ erzeugt eine Art Lichtkranz um ihre Köpfe. Fast wie ein riesiger Heiligenschein. »Damals, 1964, hätte ich dieses Bild links liegen lassen müssen. Es wäre zu dunkel gewesen, um davon einen Abzug zu machen«, stellt Mike fest. Mehr als 800 Stunden verbrachte er damit, insgesamt 46 Bilder zu restaurieren. Während er an den Abzügen arbeitete, hörte er die Beatles-Lieder von damals. Bei seiner lebenslangen Liebe für Licht überrascht es wenig, dass er den Beatles-Song »Here comes the sun« am meisten mag.

Irgendwann hatte Mike zwar diese großartigen Schwarz-Weiß-Aufnahmen entwickelt, aber Geld hatte er damit immer noch nicht verdient. Alle Versuche, die

Bilder zu vergolden, liefen ins Leere. Im Jahr 2010 war dann auch der letzte Dollar ausgegeben, Mike konnte die Raten nicht mehr zahlen, er verlor sein Haus. Fast dreißig Jahre lang, knapp die Hälfte seines Lebens, hatte er darin gewohnt. Ende 2010 wurde sein Haus zwangsversteigert. Ein schlimmer Einschnitt. Der Fotograf, der nichts mehr liebt als das Licht, musste aus seinem sonnendurchfluteten Heim in eine dunkle Kellerwohnung ziehen. Ein Freund hatte ihm das kleine Apartment kostenlos zur Verfügung gestellt. Mike spricht heute noch von der »Höhle«. Aber dann passierte Anfang 2011 etwas, das seinem Leben eine völlig neue Wendung gab. Seine gute Freundin und Geschäftspartnerin June Miller – die Mutter der Schauspielerin Sienna Miller – hatte einen Lunchtermin in New York. Zufällig saß eine Kuratorin des Auktionshauses Christie's mit am Tisch. Sie hörte die Geschichte der Beatles-Bilder. Als sie die Aufnahmen sah, war ihr sofort klar: »Das ist ein Jackpot.« Denn von dem allerersten Beatles-Konzert in den USA gibt es heute kaum noch Fotos. Und schon gar nicht in dieser Qualität. Christie's organisierte eine große Versteigerung in New York, die im Sommer stattfinden sollte. Aber zunächst schickten sie die Bilder in ihre Dependance nach London. Dort bekam die erste Frau von George Harrison eine Privatführung, um sich die ungewöhnlichen Fotos anzuschauen.

Kaum jemand, der diese Bilder sieht, bleibt von ihnen unberührt. »Mir kommt es so vor, als seien die Bilder erst jetzt reif für die Öffentlichkeit«, sagt Mike Mitchell. Für ihn hat sich mit der Auktion seiner Fotos ein Kreis geschlossen. Das Medieninteresse an den bisher unbekannten Beatles-Aufnahmen war riesig. Mike gab zig Interviews. CNN, NBC, die BBC und die ARD, das Wall Street Journal und die New York Times – alle wollten mit ihm sprechen. Selbst im hellen Scheinwerferlicht zu stehen war für den Mann hinter der Kamera eine außergewöhnliche Erfahrung. »Wie ein Start im Spaceshuttle« kam Mike das vor. Mit einem unheimlichen Schub in völlig unbekannte Sphären katapultiert. »Du guckst von oben auf die Welt und weißt nicht, ob du jemals wieder auf die Erde zurückkommst«, beschreibt er diese Zeit. 100 000 Dollar könnten bei der Auktion zusammenkommen, hatten die Christie's-Experten geschätzt. Am Ende der Versteigerung war es dreimal so viel: 361 937 Dollar. Mikes Lieblingsbild, das die vier Beatles mit einer Art Heiligenschein zeigt, hat allein über 68 000 Dollar eingebracht. Tosender Applaus im Publikum. »Als hätten mir dort alle persönlich auf die Schulter geklopft«, erinnert sich der Fotograf an den Abend bei Christie's in New York. Seit dieser Erfahrung kann Mike sich gut vorstellen, warum Prominente von diesem Gefühl des Zuspruchs abhängig werden. Und Mike? Ein Jahr später lebt er noch immer in der Kellerwohnung in Washington D. C. In der dunklen Höhle. Zwar haben ihm die Beatles-Bilder viel Geld eingebracht, jedoch nicht genug, um sich in der teuren US-Hauptstadt wieder ein Haus zu kaufen. Aber dennoch hat sich sein Leben verändert. Wenn Mike erzählt, dann gibt es für ihn eine neue Zeitrechnung: »vor Christie's« und »nach Christie's«. »Nach Christie's« hat er mehr Vertrauen in sich selbst und seine Arbeit. Mit diesem neuen Schub an Selbstbewusstsein geht er jetzt sein Leben an. »Im ersten halben Jahr nach der Versteigerung habe ich mehr als zwanzig Kilo abgenommen«, erzählt Mike stolz. Denn den Mann, den er im Sommer 2011 die Interviews zu den Beatles-Bildern geben sah, fand er eindeutig zu dick. Zu viel Gesicht, zu viel Bauch. Mike zeigt ein Zeitungsfoto von sich mit Sienna Miller. Die schöne, schlanke Schauspielerin und er sehen sich in London seine Fotos an. »Das bin doch nicht ich«, meint Mike und zeigt auf seinen damaligen Umfang. Heute spricht er von »Mike Mitchell 2.0«. Er fährt viel Rad, verbringt den Großteil seiner Tage draußen. In »Hains Point«, einem Park am Potomac, nicht weit weg von der Mall, Washingtons Prachtmeile. »Mein zweites Büro« nennt er den Platz am Fluss. »Nach Christie's« hat er schon mehr als 12 000 Fotos gemacht. Experimente mit seinem iPhone und Licht. Er probiert Selbstporträts aus und denkt über künftige Ausstellungen nach. Vor Kurzem hat ein Sammler angerufen, der ihm noch mehr Beatles-Bilder abkaufen will. Mike macht einen zufriedenen Eindruck. Früher hat er sich immer vorgestellt, wie er sich zum fünfzigsten Jahrestag seines Highschool-Abschlusses mit einem Hubschrauber einfliegen lässt. Links und rechts jeweils eine Blondine im Arm. So wollte er den Leuten in seinem Washingtoner Vorort gegenübertreten: »Seht her. Ich habe es geschafft.« Das Geld, um sich den Hubschrauber zu mieten, hat Mike Mitchell heute, aber nicht mehr den geringsten Wunsch, die Idee auch in die Tat umzusetzen. »Ich möchte das weitermachen, was ich jetzt mache«, sagt Mike. Allerdings: Mit wenigstens einer der beiden Hubschrauber-Blondinen im Arm bei dem Highschool-Treffen aufzutauchen, dagegen hätte er wohl auch heute nichts.

Licht

© Mike Mitchell

19

© Mike Mitchell

Mike Mitchells Frühstücks-Omelett

Zwei bis drei Eier in einer Schüssel verrühren und in eine beschichtete Pfanne von etwa 20 Zentimeter Durchmesser geben.

Die Pfanne mit einem gläsernen Deckel bedecken, damit Sie sehen können, was in der Pfanne passiert.

Auf kleiner bis mittlerer Flamme erhitzen, bis die Eier langsam etwas fest werden.

Die Pfanne vom Herd nehmen und 5 EL frischen Parmesankäse gleichmäßig über die Eier verteilen. Der Käse kann gerieben oder in feine Scheiben geschnitten sein. Aber bitte benutzen Sie keine größeren Stücke Parmesan.

Mit unterschiedlichem Parmesan bekommt das Omelett immer wieder einen leicht anderen Geschmack. Mikes Lieblingsparmesan kommt aus Antigo im US-Bundesstaat Wisconsin. Klassischer Parmesan, also Parmigiano Reggiano, ist natürlich auch großartig, findet Mike.

Über den Käse können Sie dann noch alle möglichen Zutaten geben. Mike mag am liebsten

Linsen und Chipotle Hot Sauce. Die Zutaten nur auf einer Hälfte des Omeletts verteilen.

Dann die Pfanne wieder auf die Flamme stellen und mit geschlossenem Deckel so lange erhitzen, bis die Omelett-Seite ohne die Zutaten (also nur die mit dem Käse) kleine Blasen bekommt und etwas aufgeht.

Den Deckel von der Pfanne nehmen. Das Omelett wird zum größten Teil wieder in sich zusammenfallen, aber der Käse und die Eier ergeben eine wunderbare Kombination.

Die Pfanne leicht zu der Seite schwenken, auf der die Zutaten sind, und das Omelett zusammenklappen. Das Omelett mit einem Pfannenwender vorsichtig auf einen Teller geben.

Lecker!

Zutat

Appetit

Zwölf Mahlzeiten täglich, jeden Tag auf der Straße. Aber sie haben es so gewollt. **Jane und Michael Stern** wollten jedes Esslokal in den Vereinigten Staaten testen. Nach und nach fiel ihnen auf, wie groß ihr Heimatland ist. Für ihre Leser und Hörer steht aber mittlerweile auch fest, was die Sterns für das kulinarische Amerika am Straßenrand bedeuten: Sie sind schlicht die Größten.

Sie kommt aus einem schrecklichen Dorf. Jane war dort umzingelt. Etwas zu weit die Straße runter, da lauerten schon die Puerto Ricaner. Die sie umbringen wollten. In der anderen Richtung war es nicht besser. Zu weit die Straße hoch warteten die Schwarzen. Und was wollten die? Genau: Jane umbringen. In den ungefähr dreißig Blocks, die ihr blieben, kannte sie bald jede Ecke. Sie musste also auch noch fürchten, vor Langeweile umzukommen.

Janes Heimatdorf heißt Manhattan. Wichtigster Stadtteil von New York. Für viele die inoffizielle Hauptstadt der Welt.

Manchmal fährt Jane noch in ihr Dorf. Sie fürchtet heute nicht mehr, ermordet zu werden. Die Vorurteile, die sie als Teenager in den 60er-Jahren vor Harlem schlottern ließen, haben sich ausgewachsen. Manhattan sortiert sich sowieso nicht mehr ethnisch. Sondern nach wohlhabend, reich und superreich.

Es ist schrecklich laut in New York, sagt Jane Stern. Während sie über ihre Heimatstadt spricht, sitzt sie auf dem Sofa ihres Wohnzimmers in Ridgefield, Connecticut. Anderthalb Stunden dauert es mit dem Auto nach New York City. Ridgefield ist ein Ort, an dem sich kein vernünftiger Grund finden lässt, warum sich Menschen freiwillig nasser Mantel an nasser Mantel in die U-Bahn stellen sollten. Warum Abgase atmen, warum immer von viel zu vielen Menschen umgeben sein, wenn es doch auch Orte wie Ridgefield gibt? Hohe Bäume. Häuser, die von außen so aussehen, als gäbe es drinnen einen großen Sessel und eine Abstellfläche für den Tee. Keine Häuser, die nur am Wochenende bewohnt werden. Keine Prestigeobjekte, sondern ein Zuhause neben dem nächsten.

Kein Wunder, dass Jane Stern hier wohnt. Und ihr Exmann Michael gleich im Nachbarort. Denn die beiden haben jahrzehntelang Orte gesucht und beschrieben, an denen es ›wie zu Hause‹ schmeckt.

Sie lernten sich Ende der 60er-Jahre an der Kunsthochschule kennen. Damals noch in New York. Michael war dort, um zu studieren, wie er ein wahnsinnig erfolgreicher Regisseur werden könnte. Wichtig war für beide aber nicht ›The Big Apple‹. Sondern die erste Verabredung bei »Pepe's Pizza« in New Haven, Connecticut.

Nur ein Dorf-Italiener, aber die Pizza war Extraklasse, schwärmen die Sterns. Die beiden verliebten sich und heirateten 1970.

»Für die freie Liebe waren wir zu zynisch und zu wenig Hippie«, sagt Jane. »Eigentlich konnten wir mit den Hippies wenig anfangen«, ergänzt Michael, »wenn man davon absieht, dass Jane gelegentlich wie eine Cherokee-Indianerin angezogen war und ich meine Haare schon enorm lang trug.«

Die beiden lebten damals in einem Haus, das sie heute lieber Hütte nennen. »So ähnlich wie der Una-Bomber«, meint Jane und spielt auf Ted Kaczynski an, den Mann, der fast zwei Jahrzehnte Briefbomben verschickte, damit sein bizarres Manifest in der »New York Times« abgedruckt wurde. Gebastelt hat er die Sprengsätze in seinem düsteren Wohnschuppen mitten in der menschenleeren Wildnis des fußkalten Bundesstaats Montana.

Unerwartet brach dann aber doch der Erfolg über den Unterschlupf von Jane und Michael Stern herein. Jane entdeckte den amerikanischen Cowboy wieder. Den fand sie hinter dem Steuer eines Trucks. Sie begleitete die einsamen Männer, machte ein Buch daraus, und die Amerikaner fühlten mit den Truckern. Jane durfte sogar in der äußerst populären TV-Show »60 Minutes« über ihre Erlebnisse auf der Landstraße schwärmen.

Michael musste hingegen mit dem Traum vom Filmemachen abschließen. Niemand gab ihm Geld für seine Projekte. »Die haben mir nicht zugetraut, dass ich ein großer Regisseur bin. Und ich hatte irgendwann auch erhebliche Zweifel.«

Der Verlag war über den Verkauf des Trucker-Buchs

so glücklich, dass sich Jane aussuchen konnte, was sie als Nächstes machen wollte. Jane und Michael konnten damals selbstverständlich nicht ahnen, wie sehr ihre Idee ihr Leben in den nächsten Jahrzehnten beeinflussen würde. Beide interessierten sich für Essen. Beide waren gerne unterwegs. Jane war bei ihrer Trucker-Reise beeindruckt von den ›Truck Stops‹. Den Raststätten, die in der Mitte des Nichts auftauchten, aber offenbar jedem Fahrer bestens bekannt waren. »Roadfood« wollten sie ihr neues Buch nennen. Keine nörgelige Feinschmeckerei in teuren Restaurants. Sondern hausgemachtes Essen in einzigartigen Diners und Imbissen, darüber wollten sie schreiben. Heute lachen beide gemeinsam schenkelklatschend, wenn sie sich an ihren Plan erinnern, dabei auch auf der Straße zu wohnen. Oder zumindest im Auto.

Da sie sehr weit reisen wollten, beluden sie ihren Kombi mit allen möglichen Campingartikeln. Mit Ausrüstung für die Wildnis bis hin zu Schlangenbiss-Erstversorgungs-Sets.

»Irgendwann fiel uns auf, wie genervt wir waren. Den ganzen Tag in diesem Auto Meilen abzureißen und dann nachts in genau diesem Auto auch noch zu schlafen«, sagt Michael.

Drum herum hatten sie sich ein Camping-Dasein vorgestellt. Freiheit, Wildnis, drinnen essen, draußen leben. Eine schöne Fantasie. Nichts für die Realität.

»Ich bin eine New Yorker Jüdin, und er ist ein Junge aus einer Vorortsiedlung in Illinois. Das heißt, wir sind von Haus aus nicht die Leute, die ein Reh gleich erlegen und häuten wollen, wenn sie es sehen«, ergänzt Jane.

Bis zu zwölf Mahlzeiten aßen die beiden am Tag und fuhren, so weit es ging. Möglichst mindestens 500 Kilometer.

Sie hielten Ausschau nach den Gaststätten, die nach ›Zu Hause‹ aussahen. So ›homemade‹ wie möglich.

Dabei achteten sie auf vielversprechende Zeichen. Eine Kuhfigur auf dem Dach. Lokale, die nur fürs Frühstück und fürs Mittagessen geöffnet waren. Oder – sehr verheißungsvoll – eine Küche, in der eine ältere Frau mit Haarnetz am Herd stand.

Je weiter sie in das große Land vordrangen, desto irritierter reagierten die Einheimischen auf ihre Neugier. In den 70er-Jahren war in den USA Essen kein Thema für ausführliche Besprechungen. Sondern vor allem Nahrung.

Michaels Vater hatte einen Fotoladen. Dem Sohn schenkte er für die Reise eine sehr wuchtige Ausrüstung, mit einer auffälligen 6 mal 6-Kamera des schwedischen Herstellers Hasselblad.

»In Iowa oder Michigan haben die Wirte oft nicht verstanden, warum wir ihr Rührei, ihren Eintopf oder ihre Hamburger fotografieren wollten«, erinnert sich Jane glucksend. Um weitschweifige Erklärungen zu vermeiden, griffen sie zu einer Notlüge. Michael sei Janes mental angeschlagener Bruder, der soeben aus der Psychiatrie entlassen worden sei und der nun unbedingt Essen fotografieren müsse. Der Therapie wollten sich die Gastwirte nicht verweigern und präsentierten ihre Speisen bereitwillig vor der Kamera. 1977 erschien das Buch »Roadfood«. Sobald es in den Buchläden lag, gründete sich um Jane und Michael Stern eine Gemeinde. Menschen, die glauben, dass eine Frikadelle eben nicht ist wie die andere. Gutesser, die auch heute mittrauern, wenn auf der Internetseite roadfood.com zu lesen ist, dass ›Harold's Barbecue‹ in Atlanta, Georgia, geschlossen wurde. Nach 65 Jahren. Der Besitzer ist gestorben. Mit ihm geht sein hervorragendes ›Brunswick Stew‹ in die Ewigkeit. Ein Gemüseeintopf auf Tomatenbasis, der unbedingt sämig sein muss und womöglich eine Braunschweiger Erfindung ist.

Die kürzlich verstorbene Drehbuchautorin und Regisseurin Nora Ephron (»Schlaflos in Seattle«, »E-Mail für dich«, »Julie und Julia«) schrieb den beiden vor Jahren eine Liebeserklärung in der »New York Times«. Sie würde immer da sein wollen, wo Jane und Michael Stern gerade essen, schrieb Nora Ephron. Genau darum ging und geht es den beiden. Nicht nur was man isst, sondern wie man isst, interessiert die Pioniere des Essens-Journalismus in den USA.

Warum der Haferbrei in diesem heimelig geführten Corner Cafe in Wakarusa, Indiana, so ein außerordentliches Ereignis ist. Welchen Aufwand die Bewohner dieses kleinen texanischen Nests betreiben, damit ihr in Zeitungspapier gereichtes Steak zu einer Barbecue-Offenbarung wird.

Immer wieder gibt es Cafés in Orten, die man sofort vergisst. In denen die Sterns aber eine Kathy, Stacy oder Dorothy zum Star machen. Weil Kathy, Stacy oder Dorothy irgendwann diesen Kuchen hervorholt, der sich in seiner Zauberhaftigkeit kaum beschreiben lässt.

Den es aber vor allen Dingen nur ein einziges Mal gibt. Manche Roadfood-Fans reisen in die entlegensten

Winkel. Nur weil die Sterns dort ein Diner empfohlen haben. Sie nehmen die Reisemühe auf sich, um das Anti-Burger-King-Erlebnis zu haben: Was es hier gibt, gibt es nur hier. Kein Zutatenkompromiss, damit der Big Mac in Hongkong so schmeckt wie in Tulsa, Oklahoma. Keine Anonymität bei der Zubereitung. In den Lokalen, die die Sterns lieben, ist der oder die Bratende meistens mitten im Bild. Sie sagen auch, dass sie immer noch aufgeregt sind, wenn sie in der Tür eines Lokals stehen und nicht wissen, was sie erwartet. Selbst nach vierzig Jahren. Sollten sie die Begeisterung nur vortäuschen, dann machen sie es gut und tun es vor allem vor Millionen. In der Kochsendung des öffentlich-rechtlichen Radioprogramms NPR stellen sie in jeder Woche eine Neuentdeckung vor. Wieder irgendeine Leckerhütte an einem Ort, den selbst diejenigen nur mit Mühe im Atlas finden, die dort wohnen.

Aber wenn es einen fantastischen Apfelkuchen oder ein so nie gegessenes Truthahn-Sandwich gibt, dann gospeln sich die beiden Weißen im Radio in Rage. Die Sterns preisen und verehren, lassen das Glück aufblühen, schon wieder eine Einzigartigkeit gefunden zu haben. Sie sitzen dann zwar in einem kleinen Studio in Connecticut. Aber sie können sich über Tausende Kilometer an den Ort des Genusses zurückschmecken.

Selbstverständlich sind sie auch schon in die andere Richtung gereist. In dieses Europa, aus dem mit den Einwanderern viele Zutaten kamen, die die heutigen Amerikaner so gerne wild mixen.

Jane hat Rom geliebt. Obwohl sie bis zum Schluss des Aufenthalts nicht enträtseln konnte, wie die Römerinnen mit hohen Schuhen auf diesem Kopfsteinpflaster laufen können. Allein die Aromen in der Luft der Provence haben Michael ganz natürlich berauscht.

Sie mussten allerdings nicht extra hinfahren, um zu wissen, wie naserümpfend manche Europäer auf die angeblichen kulinarischen Barbaren in den USA herabblicken.

»Es liegt wahrscheinlich an unserer Isolation. Wir haben mit Mexiko und Kanada ja nur zwei Nachbarn«, sagt Michael, »und wir Amerikaner bekommen oft gar nicht mit, was die Europäer von uns halten.«

Er glaubt, dass die amerikanische Küche viel mit amerikanischer Musik gemein hat. Große klassische Komponisten aus den USA sind selten. Dafür gibt es Soul, Funk und Rock'n'Roll. Viel Gefühl, wenig Regeln. Mach

was du willst, nur mach es mit so viel Überzeugung, dass es richtig gut wird. In dieser Einstellung würden sich die Küchenchefs, die er kennt, nicht von Musikern unterscheiden.

Weil sich so schlecht verallgemeinern lässt, was in amerikanischen Küchen geschieht, muss Michael bei der Frage nach der wichtigsten Zutat auch erst eine Weile überlegen.

Bis ihm einfällt, dass er selbst vor allem patriotischer Sohn einer Grill-Supermacht ist, und er ›Rauch‹ antwortet.

Mildred Brummonds Rüblikuchen
(aus dem Farmers Inn in Havana, Nord-Dakota)
Für 12 bis 15 Stücke

Michael Stern schreibt dazu: »Dieser delikate Schokoladenkuchen hat einen verführerisch erdigen Geschmack dank der geriebenen Rüben. Ohne Glasur passt er exzellent zum Kaffee. Mit Glasur ist er ein festlicher Kuchen.«

Zutaten:

330 g Zucker

3 große Eier

¼ EL Vanilleextrakt

25 ml Pflanzenöl

300 g gekochte und geriebene Rüben

100 g ungesüßter Kakao

200 g Mehl

1 ½ EL Backpulver

¼ EL Salz

30 ml Wasser

Eine 20 × 30 cm große Backform (oder eine runde 24 cm Springform) einfetten und mit Mehl bestreuen. Im Ofen auf 180 Grad vorheizen.

Zucker, Eier, Vanilleextrakt und Pflanzenöl in einer großen Schüssel verrühren. Gerie-

Appetit

bene Rüben und Kakao hinzufügen und wieder gut mixen. Mehl, Backpulver und Salz in einer Extraschüssel verrühren und zu dem Teig geben. Zusammen mit dem Wasser verrühren. Anschließend den Teig in die vorbereitete Backform füllen.

35 Minuten backen oder so lange, bis beim Messertest kein Teig mehr am Messer kleben bleibt. Abkühlen lassen. Den Rüblikuchen aus Nord-Dakota nach Belieben mit Zuckerglasur überziehen oder einfach so genießen.

Zufaf

Träume

Cindy Lovell hat schon viel unter Männern gelitten.
Nur ihr Traummann hat sie noch nie enttäuscht. Auch
wenn er schon lange tot ist. Der Mann heißt Mark
Twain, und Cindy Lovell leitet das Mark-Twain-Museum
in der Stadt, in der Tom Sawyer angeblich einen Zaun
streichen sollte.

Cindy Lovell trägt einen Schlüsselbund um den Hals.
Die Schlüssel daran sind ihr so wichtig wie Dagobert
Duck der Code zu seinem Geldspeicher. »Es ist unglaublich. Ich habe hier den Schlüssel, mit dem ich
in Tom Sawyers Haus gehen kann«, sagt Cindy und
strahlt über das ganze Gesicht. Immer noch. Denn die
Schlüssel besitzt sie immerhin seit mehr als vier Jahren. So lange ist sie schon Direktorin des Mark-Twain-
Museums in Hannibal, Missouri. Ein kleiner, etwas
müder Ort, gerade mal 16 000 Einwohner, direkt am
Mississippi im Mittleren Westen gelegen. Wäre Hannibal ein Mensch, würde man sagen, er ist nicht mehr so

gut zu Fuß. Hier in Hannibal verbrachte Mark Twain seine Kindheit. Oder besser gesagt: Samuel Clemens – so hieß Mark Twain damals noch. Auf sein Elternhaus aufzupassen, an die Abenteuer von Tom Sawyer und Huckleberry Finn zu erinnern, das ist heute die Aufgabe von Cindy Lovell. Die 56-Jährige liebt es, Besuchern den weißen Zaun zu zeigen, den Tom Sawyer streichen sollte. Das hübsche Haus seiner Freundin Becky Thatcher und die schäbige Hütte seines Kumpels Huckleberry Finn. Möglich macht das der Schlüsselbund um Cindys Hals. Er öffnet ihr die Türen zu einer Welt, von der sie immer noch nicht fassen kann, dass es heute die ihre ist. Denn als Cindy klein war, deutete nichts, aber auch wirklich gar nichts darauf hin, dass sie hier in Hannibal, Missouri, einmal Museums-Direktorin werden würde.

Cindy wächst als Älteste von sechs Geschwistern auf. Sie ist diejenige, die für die ganze Familie kocht. Ihre Eltern – arme Einwanderer aus Deutschland – bewirtschaften eine kleine Farm in Pennsylvania mit Kartoffeln und Erdbeeren. Arbeit gibt es viel, Geld nicht. Und Bücher erst recht nicht. Cindy ist zehn Jahre alt, als sie den Namen Mark Twain zum ersten Mal hört. Ihr Grundschullehrer bringt »Die Abenteuer des Tom Sawyer« mit in die Klasse. Immer und immer wieder liest die kleine Cindy das Buch. Sie weiß weder, wer Mark Twain ist, noch dass er noch weitere Bücher geschrieben hat. »Ich wusste nur: Ich liebe dieses Buch«, erzählt Cindy heute. Einige Jahre später wechselt sie auf die Highschool. Dort gibt es eine Schulbibliothek, und sie fragt die Bibliothekarin: »Haben Sie noch andere Bücher von diesem Typen – von Mark Twain?« Cindy erinnert sich, dass die Bibliothekarin ihr Lachen kaum verkneifen kann, als sie ihr die anderen Bücher von »diesem Typen« zeigt. Weitere Werke von Mark Twain zu entdecken – für Cindy eine Offenbarung. Vor allem »Die Abenteuer des Huckleberry Finn«, die Fortsetzung von »Tom Sawyer«. Huckleberry, der verwahrloste Junge mit dem guten Herzen. Sein Vater – ein brutaler Trunkenbold ohne Geld. In Huckleberry Finn erkennt sich Cindy wieder. Auch ihre Familie ist arm. Ihr Vater trinkt, schlägt ihre Mutter. Cindy mag ihren Vater trotzdem. »Gott hab ihn selig, er war ein guter Mann und Vater, aber das Trinken war ein Problem. Deshalb konnte ich Huckleberry so gut verstehen«, erklärt sie. Ihre Liebe zu Huckleberry Finn und ihre Verehrung für seinen Schöpfer Mark Twain dauern bis heute an. Twains Bücher, kleine kitschige Figuren mit seinem Konterfei, Sprüche und Bilder von dem Mann mit den weißen Haaren und dem weißen Schnäuzer – überall bei ihr zu Hause stehen sie herum. »Als meine Kinder größer wurden, dachten sie bestimmt, Mark Twain sei ein entfernter Verwandter.«

Cindy heiratet früh, bekommt einen Sohn und eine Tochter. »Unglücklich« – so lässt sich ihre Ehe wohl am besten beschreiben. Sie und ihr Mann haben eine Videothek in Florida und Kinder. Ansonsten verbindet die beiden wenig. Anders als ihr Vater schlägt ihr Mann – ein Choleriker – nur Gegenstände. »Eine Verbesserung«, denkt Cindy damals. Sie beißt die Zähne zusammen und bleibt so lange verheiratet, bis die Kinder groß sind. Zwanzig Jahre. Parallel dazu holt Cindy ihren Highschool-Abschluss nach, beginnt zu studieren, will Lehrerin werden. Der stete Begleiter in ihrem Leben ist Mark Twain, nicht ihr Mann. Cindy erinnert sich noch gut, wie sie zu einer Mark-Twain-Veranstaltung nach Hartford in Connecticut reiste. Mark Twain verbrachte dort einen Großteil seines Erwachsenenlebens und starb auch dort. Cindy Lovell erwartet, in Hartford auf andere Gleichgesinnte zu treffen, die genau wie sie Mark-Twain-Aschenbecher und Bilder gegen andere Devotionalien tauschen wollen. Dass es ein hochkarätiges Symposium mit Mark-Twain-Gelehrten sein würde, nimmt sie nicht an. Umso größer ist ihre Freude, als sie sich bei einer Tasse Tee im Gespräch mit Experten wiederfindet. Eine neue Welt. Bald darauf fährt sie zum ersten Mal nach Hannibal in Missouri, wo Samuel Clemens aufgewachsen ist. »Das war meine Reise nach Mekka«, so Cindy über ihren Besuch in Hannibal 1996. Heute steht die Mittfünfzigerin mit den schulterlangen braunen Haaren und der Brille auf der wenig befahrenen Hauptstraße von Hannibal und zeigt über den Mississippi hinweg auf die andere Seite des Ufers. Dort beginnt der US-Bundesstaat Illinois, und dort ist auch die Universität, an der sie nach ihrem Studium ihren Doktor gemacht und schließlich einen Job gefunden hat. Alles, um Mark Twain und Hannibal näher sein zu können. Cindy fährt zunächst ein paarmal die Woche von Illinois über den Mississippi nach Hannibal, um dort als Ehrenamtliche im Mark Twain Museum zu arbeiten. Im Jahr 2006 zieht sie schließlich ganz nach Hannibal. Aber nicht irgendwohin. Ihr neues Haus ist in der Hill Street – genau in der Straße, in der sich auch das Elternhaus von Mark Twain befindet. Das ist nicht alles: Aus ihrem Wohnzimmerfenster kann Cindy genau auf das Haus schauen, in dem Mark Twain bei seinem allerletzten Besuch in Hannibal zu Abend gegessen hat. Wenn Cindy mal eine ruhige Minute hat, dann setzt sie sich auch tatsächlich auf die Couch und guckt hinüber zu dem Haus auf der anderen Straßenseite. Aber dafür findet sie inzwischen kaum noch die Zeit. Im Jahr 2008 wird der Direktorenposten im Mark-Twain-Museum frei. Keine Überraschung, dass der Museumsvorstand Cindy den Job anträgt. Seit 2008 ist sie nun viel beschäftigte Direktorin und im Besitz der Schlüssel zu den Häusern von Tom Sawyer, Huck Finn und Becky Thatcher. Es ist der Schlüsselbund zu ihrem persönlichen Glück. Für Cindys erwachsene Kinder ist die Präsenz von Mark Twain im Leben ihrer Mutter längst normal. Sie haben sich den mütterlichen Faible für den Schriftsteller früher sogar zunutze gemacht. Cindys Tochter hat jeden Jungen, den sie mit nach Hause gebracht hat, genauestens instruiert. Der Junge sollte wie zufällig ein Zitat von Mark Twain fallen lassen oder andeuten, dass er Huckleberry Finn ganz toll findet. »Dann hatte er sofort mein Herz gewonnen«, lacht Cindy.

Ihre Tochter hat auch die CD unterstützt, die Cindy für Mark Twains 175. Geburtstag produziert hat. Kein Geringerer als Clint Eastwood spricht Mark Twain. Sheryl Crow und andere prominente US-Künstler machen Musik. Wenn es um das Andenken ihres Lieblingsautors geht, ist Cindys Energie grenzenlos. Interessierten Besuchern zeigt sie mit Begeisterung die klamm-kalte Höhle aus Twains berühmtestem Roman – etwa fünf Minuten Autofahrt von Hannibal entfernt. Hier in diesem Labyrinth haben sich Tom Sawyer und seine Freundin Becky Thatcher verirrt und sind nur knapp dem Tod entkommen. Mit dem Erscheinen von »Die Abenteuer des Tom Sawyer« im Jahr 1876 ist die Höhle einer der Anziehungspunkte in der Gegend geworden. Bereits seit 1886 gibt es geführte Touren für Twain-Fans. Zunächst mussten sie sich mithilfe von Fackeln und Kerzen auf den unebenen Wegen in der dunklen Höhle zurechtfinden, seit 1939 gibt es elektrisches Licht. Cindy Lovell ist ein gern gesehener Gast in der »Mark Twain Cavern«. Sie hat die Höhle vor ein paar Jahren um eine Attraktion erweitert. Denn sie hat darin tatsächlich einen neuen Raum entdeckt – und zwar nachdem sie den Wegbeschreibungen von Mark Twain genau gefolgt ist.

Und die 56-Jährige führt ihre Gäste sogar nachts auf den alten Friedhof, auf dem die Familie von Samuel Clemens begraben liegt. Das ist zwar verboten, aber es macht Cindy zu viel Spaß, mit der Taschenlampe die Grabsteine nach den Namen der Familie Clemens abzusuchen. Die nächtliche Stille wird dabei nur von zwei Dingen unterbrochen: von Cindys erfreuter Stimme, wenn sie die Grabsteine findet, und vom Klimpern des Schlüsselbunds um ihren Hals.

Chicken Pot Pie

nach einem Rezept von Cindys Familie

Zutaten für die Brühe:

3–4 ganze Hähnchenbrüste (mit Knochen)
ca. 2 kg rote Kartoffeln
3–4 gewürfelte Zwiebeln
Salz, Pfeffer
Einige Esslöffel gesiebtes Mehl

Zubereitung:

Zuerst die Hähnchenbrüste in Wasser geben,
dann Salz, Pfeffer und Zwiebeln. Langsam aufkochen, die Hitze reduzieren und köcheln lassen, bis das Fleisch gar ist. Die Hähnchenbrüste
abkühlen lassen, das Fleisch von den Knochen
entfernen. Die Brühe aufbewahren. Die Kartoffeln werden erst später gebraucht.

Während das Hähnchen kocht, die Eiernudeln
zubereiten:

Zutaten für Eiernudeln:

200 g Mehl
3 Eigelb
1 ganzes Ei
2 TL Salz
50 bis 100 ml Wasser

Träume

Das Mehl in eine Schüssel geben. In der Mitte eine Mulde formen und die drei Eigelb, das Ei und Salz hineingeben. Alles zusammen kräftig mit den Händen kneten. Einen Löffel Wasser nach dem anderen hinzugeben – bis der Teig zu einer Kugel geformt werden kann. Vorsicht: Zu viel Wasser macht den Teig klebrig.

Den Teig aus der Schüssel nehmen und auf einer mit Mehl bestäubten Oberfläche so lange durchkneten, bis er glatt und geschmeidig ist. Etwa zehn Minuten kneten und dann zehn Minuten mit einem Tuch bedecken und ruhen lassen.

Den Teig in vier gleiche Stücke teilen. Ein Stück Teig nach dem anderen ausrollen. Gewünschte Dicke: etwa 3 Millimeter. Den ausgerollten Teig in etwa 2,5 cm × 2,5 cm große Vierecke schneiden. Die Teigstücke zum Trocknen auf eine mit Mehl bestäubte Fläche legen oder auf ein Küchentuch. Am besten ein bis zwei Stunden ruhen lassen. Man kann die Teigstücke aber auch schon eher kochen.

Die Kartoffeln schälen und in Würfel schneiden. Das Hähnchenfleisch in die abgekühlte Brühe geben. Langsam das gesiebte Mehl hinzugeben und unter Rühren erhitzen, bis es sämig ist. Dann aufkochen. Zunächst die Kartoffelwürfel in den Topf geben. Etwas später Stück für Stück die Teigquadrate bzw. Eiernudeln. Weiter rühren, damit der Nudelteig nicht zusammenklebt. Die Hitze auf die niedrigste Stufe reduzieren. Mit halbgeöffnetem Deckel köcheln lassen. Noch einmal mit Salz und Pfeffer abschmecken. Der Chicken Pot Pie kann sofort serviert werden. Aber einmal aufgewärmt schmeckt er fast noch besser, findet Cindy.

Träume

Zutat

Gewinnen

Ford O'Connell kämpft. Für alles, was rechts ist.
Die Wahlkampfschlacht 2008 haben die anderen gewonnen. Nicht John McCain und Sarah Palin. Also nicht
das Team, für das Ford monatelang alles gegeben hat.
Das ist in seinem Fall nicht wenig. Abgezocktheit, Elite-
bildung, Unabhängigkeit, Schlagfertigkeit.
Und eine Menge Charme.

Er ist in den Zaubertrank gefallen. Nicht in den von
Obelix, der stark, aber auch gefräßig macht. Sondern
in den amerikanischen Zaubertrank. Der macht dieses
Kinn. Angeblich schließen Frauen aus der Kinnpartie
instinktiv auf die Fortpflanzungsfähigkeit eines Mannes. Wenn das stimmt, dann kann man sich gar nicht
so stark fortpflanzen, wie es Ford O'Connells Kinn ver-
heißt. Da ist aber auch noch viel mehr Zaubertrank-
Physis: gerade wie eine Säule. Schultern so stark, dass
er links und rechts eine Badenixe balancieren könnte,
ohne das Lächeln zu verlieren. Zähne so weiß wie eine

Elbvilla im Sonnenschein. Was für ein Kerl. Was für ein Ami.

Der Typ Mann, von dem deutsche Austauschschülerinnen Fotos mitbringen, wenn ihre Zeit in den USA vorüber ist. Damit die daheimgebliebenen Verehrer in einer Mischung aus Eifersucht und Resignation verzweifeln.

Ford O'Connell spricht viel über seine größte Niederlage.

Und warum es für ihn gut war zu verlieren.

Bei den Präsidentschaftswahlen 2008 gehörte er zu denen, die nicht einfach nur nicht gewonnen haben. Sondern die schon sehr früh gegen den demokratischen Kandidaten Barack Obama keine Chance mehr hatten.

Er würde es selbst nie so sagen, aber Ford stand an der Seite der ganz, ganz Falschen. Im Weißen Haus residierte mit George W. Bush ein Präsident, mit dem der Filmemacher Oliver Stone schon filmisch abrechnete, als er noch im Amt war.

Als dunkelstes Schaf einer angesehenen Familie, so wurde Bush von Stone in ›W‹ gezeigt. Als wankelmütiger Tunichtgut, als von Anfang an Überforderter. Selbst Bushs einstige Unterstützer empörte das nicht mehr.

Hätte Ford O'Connell seine Wahlkampfschlacht gewonnen, wäre John McCain Präsident geworden. Und Sarah Palin Stellvertreterin des mächtigsten Politikers der Welt.

Ein von Kriegsfolter lädierter Senior und eine schrille Provinznudel, die den gelegentlichen Blick auf die hinterasiatische russische Küste als außenpolitische Erfahrung für sich verbuchte. Alles andere als ein Dreamteam.

Für Ford O'Connell war das nicht weiter wichtig. Denn er sah seine Aufgabe nicht darin, der republikanischen Partei ideale Kandidaten zu backen. Ihm ging es um den Sieg. Nur um den Sieg. Auch wenn der in der Hexenküche aus den finstersten Zutaten gebrüht werden musste.

Er steht dreieinhalb Jahre nach der Niederlage vor einer Karte der USA und zeigt einzelne Bundesstaaten, als habe er dort mit Bombenteppichen Wahlkampf geführt. Ohio, Pennsylvania, Florida. ›Battleground States‹, also ›Schlachtfeldstaaten‹. So heißen die Bundesstaaten, wo mal die Demokraten und ein anderes Mal die Republikaner die Mehrheit haben. In Texas, Fords Heimatstaat, wählt die Mehrheit ohne besondere Aufforderung republikanisch. Was denn sonst?

Aber wie konnte es passieren, dass die vielen Farmer in den vor allem bäuerlichen Staaten einen Harvard-Absolventen wählten, der im Sündenbabel Chicago Steuergelder verplempert hatte? So sehen schlichtere konservative Wähler nämlich die Arbeit mit sozial Schwachen, in der sich der Kandidat Barack Obama jahrelang engagierte.

Ein Ding der Unmöglichkeit, eine Null-zu-Sieben-Klatsche in den Maßstäben des europäischen Fußballs, ein ganz bitteres Debakel aus der Sicht des Beinahe-Football-Profis Ford O'Connell. Zum harten Sport des Wahlkampfs gehört für Ford aber auch der Respekt vor dem Gegner. Einen Wahlkämpfer wie Barack Obama habe es lange nicht, vielleicht sogar noch nie gegeben, sagt er und meint es.

Schwerer belasten ihn die eigenen Fehler. Obama warb selbst beim Rodeo um Stimmen. Ein schwarzer

Städter mit dem Zweitnamen »Hussein« bei einer Cowboyveranstaltung. Das ist ungefähr so befremdend, als würde ein libanesischstämmiger Grüner aus Kiel die Parade der bayrischen Gebirgsschützen abnehmen.

Die Republikaner ließen den Mann aus Hawaii gewähren. Schickten keine eigenen Leute zu den Mutproben auf bockenden Pferden. Ford O'Connell zählt weitere Fehler auf. John McCain kann die Arme nicht heben. Nicht einmal zum Winken. Schwach, gebrechlich, dachten viele Amerikaner. Sollte sich unser Commander-in-chief nicht wenigstens aus eigener Kraft die Haare kämmen können, fragten sie sich.

Der Mann hat seine Unversehrtheit im Vietnamkrieg hergegeben. Wollte das aber unter keinen Umständen im Wahlkampf benutzen. Macht man nicht, entschied der Kandidat. Auch in dieser Sache total einig mit den grau melierten Herren in seiner Umgebung. Die schätzten zwar den dynamischen Ford O'Connell sehr wohl. Waren aber von seinem Titel als hochrangiger Wahlkampfberater nicht genug beeindruckt, um mit diesem Jungspund Fragen der Ehre zu diskutieren.

Ford sah, wie die Wahlkämpferin Palin die Footballmütter und Hausfrauen auch in großen Turnhallen zum begeisterten Brodeln brachte. Wie sie in ihren kreischigen Reden den Junior-Senator Obama als einen abgehobenen unamerikanischen Elitisten abstinken ließ. Falsch beraten, völlig falsch beraten, ist Fords Urteil über Sarah Palin heute. Wenn er sich in Erinnerung ruft, wie die Journalisten der liberalen Ostküsten-Medien der Alaska-Gouverneurin die Schneehosen runterzogen. Bis sie dastand wie eine ehemalige Schönheitskönigin, die eine Fischfrikadelle intellektuell selbst in hohen Schuhen nicht überragt.

Ford O'Connell hat trotzdem nicht aufgegeben. Nur seine Gesundheit. Hat die Zigaretten beinahe päckchenweise inhaliert. Mampfte so viel Fast-Food-Müll, dass sein Adonis-Leib am Ende des Wahlkampfs mit sieben Kilo mehr aufgeschwemmt war.

Er hat organisiert, telefoniert und Vertreter lokaler Wahlkampfbüros angeschrien, wo, verdammt noch mal, die republikanischen Unterstützer seien und warum die nicht längst zu den Wahlbüros geshuttlet worden wären.

Am Tag der Wahl war er in Reno, Nevada. Wo niemand niemals sein sollte, wie er heute sagt. Es war kalt, es war nass und vor allem: Es war vorbei.

Nur ein Boxer, der mal am Boden lag, kann ein echter Champion werden.

Das ist Fords Lehre aus den dramatischen Monaten im Jahr 2008. Denn zu dem Ehrgeiz, gewinnen zu wollen, addiert sich die Motivation, nicht noch einmal k. o. zu gehen.

Eigentlich könnte sich Ford von diesen schmutzigen Kämpfen fernhalten. Er müsste die Ränke zwischen angeblichen Parteifreunden nicht in ihrer ganzen Gallenbitterkeit miterleben. Er könnte sich sein kinderleichtes Vertrauen in den amerikanischen Traum unverletzt bewahren. Statt strahlenden Idealismus in einen Klumpen von zynischem Politpragmatismus schmelzen zu lassen. Ford könnte an einer glamourösen europäischen Universität irgendwelche Studien auf seinen Jura-Abschluss aufsatteln. Oder seine langen Beine über die

Außenwand einer Karibik-Jacht baumeln lassen, bis ihm das zu langweilig wird.

Denn Ford ist der Enkel von Henry Salvatori. Der kam im Alter von sechs aus Rom in die Vereinigten Staaten, studierte Physik und bohrte in den 1930er-Jahren erfolgreich nach einem wirklich amerikanischen Zaubertrank, nämlich nach Öl.

Er wurde sehr bald reich, heiratete ein Film-Starlet aus Oklahoma. Auch, wie Ford sagt, um den Makel des italienischen Nachnamens loszuwerden. Grace Ford war ihr Geburtsname, und der Enkel zieht nur kurz die Augenbrauen hoch, um zu unterstreichen, dass in seiner Familie selbst sein Vorname nicht Ausdruck irgendeiner lässigen Laune ist.

Nachdem er seine Firma teuer verkauft hatte, widmete sich der Opa der Politik. Lange bevor das üblich war, ließ er eine Satellitenschüssel an seinem Haus installieren. Damit er auch in Los Angeles keine politische Ostküsten-Talkshow am Sonntagmorgen verpassen musste. Wenn es zwischenzeitlich langweilig wurde, sprach er mit dem Enkel nicht über Football oder Basketball oder womöglich Mädchen. Sondern über die Gründerväter der USA. Über das Erbe Jeffersons. Oder über die vielen Fehler der Liberalen.

Henry Salvatori starb 1997. Er hat viele konservative Politiker gefördert. Einen Demokraten erst zum Republikaner gemacht. Und zwar einen gewissen Ronald Reagan. Einige wollten sich nachher nicht mehr an Salvatoris Unterstützung erinnern. Die Undankbarkeit kränkte den Förderer. Aber mittlerweile sitzt ein athletischer Mittdreißiger in den Fernsehstudios der großen

Netzwerke und kommentiert, was Politiker tun. Aus einer stramm konservativen Perspektive. Denn er erinnert sich mit wohligem Schauder, wie es brannte, wenn ihn sein Großvater als verkappten Liberalen verspottete.

Ford O'Connell gehört noch nicht zur ersten Reihe der sogenannten ›talking heads‹, also der politischen Analysten, die mit Witz, mit Schlagfertigkeit und mit gelegentlich gewissenloser Niedertracht um die Deutungshoheit raufen.

Aber er sieht sich auf dem Weg nach vorn. Im Pointengeballer eines starken progressiven Widersachers fühlt er sich besonders wohl. Zaubertrank würde er ablehnen. Denn er müsste befürchten, dass es den unvergleichlichen Geschmack der kämpferischen Auseinandersetzung verdirbt.

Mein Lieblingsessen in Washington D.C. ist Tex-Mex aus der Cactus Cantina – ein Restaurant, das George W. Bush bekanntlich mochte, als er noch in Washington war.

ANTOJITOS & SALADS (Appetizer)

Nachos al Carbon (chicken or beef).............. 10.50
Corn tortilla with melted cheese, refried beans
jalapeño peppers, guacamole, sour cream and
pico de gallo.

Nachos 8.15
Corn tortilla with melted cheese, refried beans jalapeño
peppers, guacamole, sour cream and pico de gallo.

Queso Fundido
With peppers, mushrooms and onions. 6.80
With mesquite grilled fajitas (beef or chicken) 10.30

Tamales Mexicanos 5.70
3 tamales wrapped in corn husk stuffed with chicken or pork.

Quesadillas
*Al Carbon (Beef or Chicken)....Reg....10.75 Small....8.60
*Spinach..............................Reg.... 8.60 Small....6.75
*Cheese & Veggies ....Reg.... 8.20 Small....6.45

Tortilla Soup, Mexican vegetable soup.....................4.85

Guacamole, a blend of ripe avocados, tomatoes,
onions, served with tortilla chips...............................6.45

Chile con Queso.............. Cup.....4.60 Bowl.....5.95
A dip of melted cheese with peppers.

Ceviche, Fresh fish, shrimp and scallops....................8.60

Avocado & Tomato Salad, served on a bed of lettuce.

Small Salad, crispy romaine lettuce, avocados, palmitos, red onions, peppers, pepperoncini and tomatoes
with our delicious house dressing 6.45

Small Caribbean Salad, baby mix lettuce, red, yellow and green peppers, tomatoes, cucumbers, green apples, glazed
walnut, and Feta cheese, tossed with our delicious honey mustard dressing..8.60

SALADS (As entree)

House Special Salad, Marinated chicken, romaine lettuce, avocados, palmitos, red onions, green peppers, pepperoncini,
tomatoes and cucumbers tossed with our delicious house dressing 12.95

La Isabella Salad, Marinated chicken, romaine leaves topped with fresh tomatoes, avocado, red pimentos, green and yellow
peppers, glazed walnuts, Spanish olives and feta cheese tossed with virgin olive oil 12.95

Sunshine Salad, avocado, oranges, fresh corn, red, yellow & green peppers, sundried tomatoes, red onions, glazed walnuts
and mix baby lettuce and spinach, tossed with peanut dressing..12.95

Cantina's Salad, romaine lettuce, tomatoes, red onions, olives, green peppers, avocado, pepperoncini and cheese,
topped with chicken or beef fajitas, served with our delicious house dressing 12.95

Monterey Salad, marinated chicken, fresh corn, black beans, cheese, tortilla strips, peanuts, tomatoes, baby lettuce and
spinach tossed with our delicious peanut dressing 12.95

Brazilian Salad, marinated grilled chicken, with spinach and baby mix lettuce, avocados, palmitos, tomatoes, cucumber,
zucchini and olives, tossed with our delicious balsamic vinaigrette..12.95

BBQ Ranch Chicken, BBQ chicken, avocado, tomatoes, grilled corn, black beans, cucumbers and romaine all tossed
with our house dressing, topped with crispy fried onions for crunch..12.95

La Fernanda Salad, baby mix lettuce with chicken, red pimientos, green and yellow peppers, apples, red onions,
almonds, sunflower seeds, tortilla strips and feta cheese, all tossed with our honey mustard dressing...........................12.95

Salmon Salad, our delicious fresh salmon with baby lettuce, asparagus, red onions, cucumber, tomatoes, peppers
and orange, served with our delicious balsamic vinaigrette...14.40

ENCHILADAS
Served with rice and frijoles a la charra, wrapped in our own fresh tortillas, lettuce and tomatoes

Cheese Enchiladas, two corn tortillas filled w/ Monterrey Jack cheese, topped w/chile ancho or green tomatillo sauce 8.75

Spinach Enchiladas, two flour tortillas filled w/spinach, topped w/sour cream, avocado slices, Monterrey Jack
& cheddar cheese. Served w/white rice and black beans...........................8.95

Enchiladas Coloradas, two corn tortillas filled w/prime ground beef, topped with Monterrey Jack cheese
& Chile red sauce..9.25

Chicken Enchiladas, two corn tortillas w/chile ancho sauce...........................9.95

Beef Enchiladas, two corn tortillas filled w/shredded beef,topped w/beef sauce..........................9.95

Combination Enchiladas, two corn tortillas filled w/your choice of cheese, shredded beef or chicken..........9.95

Seafood Enchiladas, two flour tortillas stuffed w/shrimp & scallops, topped w/seafood sauce & melted
monterrey jack cheese, garnished w/sliced avocado&lemon crown.............................14.95

TACOS, FLAUTAS, CHILES
(Served with Mexican rice and frijoles a la charra)

Crispy Taco Platter, three ground beef or chicken...9.95

Soft Flour Taco Platter, three ground beef or chicken...9.95

Flauta Platter, three chicken or shredded beef w/ guacamole & sour cream 9.95

BurritoVerde, Flour tortilla filled w/ prime ground beef & refried beans, covered w/ green tomatillo sauce................10.95

Burrito Gordo, Flour tortilla filled with shredded beef or chicken & beans, covered with chile ancho
sauce, melted cheese on top...9.60

Chimichanga, Flour tortilla stuffed w/ chicken or shredded beef quick-fried, served w/ guacamole,
sour cream and pico de gallo..9.95

Chiles Rellenos Platters, two fresh poblano peppers filled with ground beef or cheese............................10.95
....12.95

COMBINACIONES MEXICANAS
Served with rice and frijoles a la charra, (No Substitution, Please)

Three Enchiladas Platter, (your choice of Cheese, shredded beef or chicken).

Reynosa Grande, (one chicken enchilada, chicken taco and chicken tamale)..11.30

El Paso Deluxe, (one shredded beef enchilada, ground beef taco and pork tamale)...................................11.30

Laredo Plate, (one shredded beef enchilada, chicken enchilada and chicken taco).....................................11.30

Guadalajara Plate, (one cheese enchilada, ground beef taco and chicken tamale)......................................11.30

Santa Fe Platter, (Vegetarian) (one cheese enchilada, cheese chile relleno &guacamole taco),
Served w/white rice & black beans
....11.30

Gewinnen

PARRILLA (Grill)

We use only genuine aged Mexican Mesquite wood and charcoal to grill our food. Served with fresh flour tortillas, rice, guacamole, pico de gallo and frijoles a la charra.
(Add: Combination cheese and sour cream....$ 1.95)

	Beef	Chicken	Half & Half
Fajitas al Carbon (Mesquite grilled beef, chicken or combination)			
For One	13.95	13.95	13.95
For Two	26.90	26.90	26.90

Vegetable Fajitas, just veggies served with white rice and black beans...................................... 11.30

Tacos al Carbon, two soft flour tortillas filled with beef or chicken.. 15.25

Carne Asada a la parrilla, outside skirt beef, marinated in mexican herbs 16.45

Pechuga de Pollo, tender mesquite grilled chicken breast marinated in mexican herbs............. 13.50

Costillas a la Barbacoa, tender pork ribs in B.B.Q. sauce, (subject to availability).................. 19.40

Camarones Diablo.. 18.35
Six broiled jumbo shrimp seasoned with spices, served on a sizzling platter with Mexican butter

Camarones Brochette.. 18.95
Six jumbo shrimp stuffed with cheese and jalapeño, wrapped in bacon, broiled and served on a sizzling platter.

Paloma Platter, two mesquite grilled quails marinated in mexican herbs.................................. 15.40

OVEN AND SAUTEED DISHES

Masitas de Puerco.. 12.95
Cuban style morsels of pork marinated in cuban adobo, roasted in Sevillas 'bitter oranges. Served with white rice, black beans, and maduros.

Lomo Saltado 14.65
Beef strips sauteed in our Peruvian sauce with fresh tomatoes, cilantro, red, green and sweet pepper, jalapeño pepper, yellow squash, and shoestring potatoes. Served with white rice and black beans.

Bistec Cubano 16.45
Mesquite grilled steak marinated Cuban style and topped with onion and cilantro
Served with tostones, maduros, white rice and black beans.

Salmon a la Parrilla con Camarones 15.95
Mesquite grill salmon topped with sauteed shrimp, in a light marisco sauce. Served with vegetables, white rice and black beans.

PARRILLAS COMBINADAS (Please, no substitutions)

Served with fresh flour tortillas, rice, guacamole, pico de gallo and frijoles a la charra.
(Add: Combination cheese and sour cream....$ 1.95)

Matamoros, B.B.Q. ribs with chicken or beef fajitas.. 18.50

Rio Grande, beef fajitas and pechuga de pollo (chicken breast)... 16.20

Cancun, fajitas (beef or chicken) and marinated quail... 17.45

Cantina's Superior, beef taco al carbon, pork tamale, chicken enchilada and cheese chile relleno........ 16.45

Tijuana, fajitas (beef or chicken) and three broiled, sizzling jumbo shrimp............................... 18.30

Del Mar, three jumbo shrimp brochette with chicken or beef fajitas 18.30

PLATO GORDO (Serves up to four people)

Beef and chicken fajitas, costillas (pork ribs), and camarones diablo (shrimp) 51.90
Served with fresh flour tortillas, rice, guacamole, pico de gallo and frijoles a la charra.

A LA CARTE (side orders)

Frijoles a la Charra................1.85	**Single Enchilada**........................4.30 Shredded beef, chicken or cheese.	**Single Crispy Taco** .... 4.30 Ground beef or chicken.
Refried Beans......................1.85	**Single Tamale** 2.60	
Black Beans.........................1.85	**Single Chile Relleno** .... 6.15 Ground beef or cheese.	**Single Soft Flour Taco**.... 4.30 Ground beef or chicken.
Pico de Gallo.......................1.85		
Guacamole...........................4.25	**Sour Cream** 1.85	**Single Taco al Carbon**..... 7.35 Beef or chicken, served with
Rice....................................1.85	**Grated Cheese**........................1.85	guacamole and pico de gallo.

Zutat

Freiheit

Der Mann schwamm zuerst durch einen Grenzfluss aus dem tschechischen Kommunismus in die Freiheit. Dann überquerte er das richtig große Wasser – den Atlantik. Heute verwöhnen **Karel und Monika Vitek** die Bewohner der attraktivsten Stadt der USA mit dem wahrscheinlich attraktivsten Snack weit und breit. In Portland, Oregon, bewirbt sich der »Schnitzelwich« sogar um die Präsidentschaft.

Wahrscheinlich ist die Stadt Portland im US-Bundesstaat Oregon eine reine Erfindung.

Klar, bei Google findet man Portland.

Steht alles da, alle vermeintlichen Fakten.

Drittgrößte Stadt im pazifischen Nordwesten der USA, also weit oben links. 2,2 Millionen Einwohner im Großraum Portland, knapp 600 000 unmittelbar in der Stadt. Viele einheimische Musiker, die unabhängig vom Sonnenschein immer schlecht drauf sind und deswegen ›Independent‹ heißen. Eine Fernsehserie mit dem Titel

»Portlandia«. Unternehmen wie Nike haben dort ihren Sitz. Der Verkauf des Gürteltaschenwerkzeugs ›Leatherman‹ wird aus Portland gelenkt. Behauptet alles Google. Aber Google kennt auch diverse Weltuntergangsdaten und liefert Fotos von Tieren, die es nur bei Google gibt.

Der Selbstversuch macht nichts besser. Kaum ist das Auto abgestellt, also nach den ersten Schritten in der angeblichen Stadt Portland, ploppt sofort wieder der Gedanke auf: Das kann doch alles nicht wahr sein.

Wieso gleitet hier eine hochmoderne Straßenbahn lautlos durch die Innenstadt? Und wie kann die Benutzung im Stadtkern umsonst sein? Warum sind mehrere verschiedene Mülltonnen auf der Straße aufgestellt? Ist das etwa Mülltrennung? Warum haben Radfahrer hier eine komplette Fahrbahnspur für sich? Kurz gefragt: Wann haben wir die Vereinigten Staaten verlassen? Wo war die Ausfahrt aus dem Land der notorischen Umweltsünder, der Monsterautofahrer, der Energieverprasser? Wen können wir hier belächeln? Mit der moralischen Wucht, die wir daraus ableiten, dass wir Staatsbürger einer grünen Tugendrepublik sind.

Portland existiert. Und wie.

Der deutsche Besucher, der sich zu Hause am wohlsten fühlt, wenn er rot-grün regiert wird, wird immer wieder dem Entzückensschrei nahe sein. Die jungen Menschen in den vielen Bars wurden von ihren Eltern offenbar nicht erst gezeugt und dann mühsam aufgezogen. Sondern die Eltern haben sich den Nachwuchs scheinbar aus dem North-Face-Katalog bestellt. In den Restaurants könnte eine Redakteurin der Brigitte-»Food and Style«-Redaktion auf die Knie fallen wie eine katholische Pilgerin in Lourdes. Vegetarierfreundlich, salatbewusst, Spitzenqualität und dann auch noch überall so schöne, schlichte Brettchen. Portland hat mehr Brauereien als Köln, die meisten in den USA. Jedenfalls wenn es nach Brauerei pro Einwohner geht.

Und dann ist da dieses Schnitzel.

In der Innenstadt auf einem großen Platz stehen viele ehemalige Bauwagen nebeneinander. Oder auch umgebaute Wohnwagen. Wieder ein Portland-Superlativ: Nirgendwo in den USA gibt es eine stärkere Food-Cart-Szene als hier. An jedem dieser Wagen kann der Portlander warmes Essen kaufen. Bei »Real Taste of India«, wenn ihm nach Bollywood im Bauch zumute ist. »La Jarochita« verspricht authentisches mexikanisches Essen, und »Sabrias« legt sich nicht fest: »Arabisches Essen und Essen aus aller Welt« steht auf einem Schild. Weil die »Sabrias«-Inhaber wohl davon ausgehen, dass überall auf der Welt vor allem Schawarma gegessen wird.

Dann steht da ein Wagen unter einem Ahornbaum. Sieht aus wie eine Holzhütte auf einem Abenteuerspielplatz von Profilneurotikern. Denn das grelle Grün und Rot der Außenfarbe schreien regelrecht nach Aufmerksamkeit.

Von innen sind immer wieder dumpfe Schläge zu hören. Das bedeutet, dass Karel Vitek wieder haut.

Im hinteren Teil des Wagens verkloppt der Mann Schnitzel. Nur ein weich geklopftes Schnitzel, das ganz kurz vor der Zubereitung paniert wird, verdient es, von Karel zu einem »Schnitzelwich« verarbeitet zu werden. Dieses Schnitzel ist zu einer perfekten Bräune ausgebacken, wie sie so manche Strandschöne im Urlaub mühevoll anstrebt. Das panierte Fleisch wird nicht einfach zwischen zwei Brötchenhälften geklemmt. Sondern von etwas Salat umschlossen und mit Remoulade oder einer Meerrettich-Zubereitung liebevoll eingecremt. Manche Schnitzel schaffen es bis ganz nach oben. Werden also mit Käse überbacken und zum höchsten Preis an der Bude, für 10 Dollar, als »Presidential Schnitzelwich« verkauft.

Der Kauf eines Schnitzelwich oder einer Portion von Karels fantastischem Gulasch ist in jedem Fall ein Aufstieg. Denn wer das kleine Fenster erreichen möchte, an dem Karels Frau Monika die Bestellung aufnimmt, muss auf eine Fußbank treten.

Mit den Viteks ist es wie mit der Stadt Portland: Eigentlich kann das gar nicht wahr sein. Wenn Karel nicht ein Mann mit einem sehr starken Willen wäre, würde er in seiner Heimatstadt Pilsen in der Tschechischen Republik im Jahr 2013 seinen 50. Geburtstag feiern. Wahrscheinlich wäre er Elektroingenieur. Dieses Fach hat er nämlich studiert. Bis er zur Armee der damals sozialistischen ČSSR einberufen wurde, sich aber dem Militärdienst verweigerte. Die Schergen des kommunistischen Regimes brachten ihn dafür in eine psychiatrische Anstalt.

»Schon als ich elf Jahre alt war, wusste ich, dass ich nicht bleiben würde«, sagt er heute. Grau kam ihm alles vor. Und da war ja auch noch sein Vater. Der war als Kind dabei, als US-Truppen Pilsen von der Wehrmacht und den Nazis befreiten. GIs quartierten sich bei der Familie ein, wollten sich vor allem amüsieren und ließen bei ihrem hastigen Abmarsch Ausrüstung und Verpflegung zurück. Insbesondere die Lebensmittel hütete Karels Vater wie das Familiensilber. 1982 öffnete er in angeheitertem Überschwang bei einem Fest die letzte Dose Kaffee, die die Amerikaner zurückgelassen hatten.

Drei Jahre später setzte sein Sohn Karel seinen Fluchtplan in die Tat um. Er wollte schwimmen. Aus Jugoslawien durch das Meer nach Italien. An einer Stelle, von der aus er sechs Kilometer durchhalten musste. So weit kam es nicht. Denn Grenzer griffen ihn in einer verbotenen Zone auf. Sie entließen ihn aus dem Gefängnis, weil er versprach, es nicht noch einmal zu probieren. Das war nicht komplett gelogen. Denn Karel fuhr diesmal an den Fluss Mur im heutigen Slowenien. Mit der Furcht, dass ihm passieren könnte, was anderen Flüchtlingen zuvor geschehen war. Die verloren im Wasser nur leicht die Übersicht und gingen dann in Ungarn an Land. Waren von einem sozialistischen Ufer zum nächsten geschwommen.

Karel schaffte es, er kam in Österreich an. Er wollte aber weiter. In das Land, dessen Nationalflagge sein Vater immer zu den Mai-Feierlichkeiten in Pilsen hisste. Was ihm ein ums andere Mal großen Ärger eintrug. Erlaubt war nur die tschechoslowakische oder die sowjetische Flagge. Ganz bestimmt nicht der Staatslumpen des imperialistischen Feindes.

Neun Monate, nachdem er die nassen Sachen in einem österreichischen Flüchtlingslager ausgezogen hatte, flog Karel in die richtigste Richtung, die er sich vorstellen konnte. Nach Westen.

Über New York kam er nach Boise, Idaho. In eine Art Pflegefamilie. Er versagte in einem Sägewerk auf ganzer Linie. War aber als Begleiter der Band »Grateful Dead« sehr brauchbar. Bei 22 Konzerten hat er auf- und wieder abgebaut.

Als er an der Portland State University den Aufnahmetest schaffte, blieb er dort. Versuchte erst wieder bei der Elektrotechnik einzusteigen. Landete dann aber mit wachsender Begeisterung bei den Philosophen. Nebenher jobbte er, lernte seine amerikanische Umgebung immer besser kennen. »Manches war komisch, manches befremdend«, sagt er heute, »aber nichts so falsch wie das Leben in der Tschechoslowakei.«

Den Zusammenbruch des Sozialismus sah er in einer Kneipe in Portland im Fernsehen. Er wusste, dass seine amerikanischen Freunde nicht nachvollziehen können, warum er so weint, als er die Jubelbilder aus Prag sieht.

1997 traf er eine Frau, die bei tschechischen Freunden zu Besuch war, um sich den amerikanischen Westen anzugucken. Nach ihrem Urlaub kehrte Monika zunächst nach Tschechien zurück. Fuhr dann aber bald wieder los. Um zu bleiben. In einem fremden Land. Aber bei einem vertrauten Karel. Die beiden heirateten 2001. »Nach der Katastrophe«, so datieren beide ihre Hochzeit und meinen den 11. September.

Weil sie die Ehefrau eines Amerikaners ist, auch wenn sie mit ihm immer tschechisch spricht, ist Monika mittlerweile auch Amerikanerin.

Ein studierter Philosoph und eine in Europa ausgebildete Lehrerin, die seit sieben Jahren einen Imbiss betreiben: Ist das der amerikanische Traum? Und wenn ja, ist dieser Traum dann überhaupt ein schöner?

Beide schwärmen immer wieder von der Freiheit, die sie gefunden haben und genießen. Sie benutzen das englische Wort »freedom«. Bei diesem Begriff sehen Menschen, die in Amerika zur Schule gegangen sind, sofort die ›Mayflower‹ segeln. Freedom ist ein ganz dicker Schraubenschlüssel im rhetorischen Werkzeugkasten eines jeden US-Politikers. Kampfbegriff für diejenigen, die sich von Washington als Geisel genommen fühlen. Aber »freedom« ist für Karel ein eingelöstes Versprechen. Wie für die Italiener, die vor der Armut flüchteten. Wie für die Latinos, die sich aus der Perspektivlosigkeit befreien wollten. Wie für die unzähligen Deutschen, die vor dem Elend oder vor dem Krieg oder vor den Nazis über den Atlantik flüchteten. Er bekam an Orten, die er vorher beim besten Willen nicht kannte, eine Chance.

Monika und Karel sind beide keine geborenen Gastronomen. Als vor sieben Jahren die erste Kundin auf das Fußbänkchen vor dem Bestellfenster gestiegen war und eine Portion Gulasch bestellte, wollte Monika zuerst fragen: »Sind Sie sicher?«

Für Monika ist der Kontrast nicht so scharf. Sie war in Tschechien nicht unglücklich. Nach ihrem Heimatort Tabor ist der Schnitzelwich-Wagen benannt. »Wenn hier nicht alles so schön grün wäre wie zu Hause, hätte ich vielleicht doch gelegentlich Heimweh«, räumt sie ein.

Beide mögen ihren Tagesablauf. Einkaufen, Schnitzel klopfen, in der Mittagspause der Büromenschen das Hauptgeschäft machen. Wenn dann alles wieder sauber ist, kommt Karel um vier, spätestens um fünf, nach Hause. Es bleibt Zeit für das kleine Töchterchen.

Wenn Matt Gross in der »New York Times« schreibt, wie rasch er sich in das Schnitzelwich verliebt hat, hilft ihnen das. Es bringt nicht unbedingt mehr Kunden. Aber jeder gute Artikel gibt ihnen die Gewissheit, dass sie etwas richtig und womöglich sogar richtig gut machen.

Als er noch lebte, war Karels Vater einmal in Portland. Um seinen Sohn zu besuchen und um die Uniform eines US-Soldaten am richtigen Ort zu tragen. Die hatte er sich nach dem Vorbild derjenigen schneidern lassen, die damals den Kaffee in Pilsen zurückgelassen hatten.

War sein Vater stolz, dass Karel es in Amerika geschafft hat?

Karel überlegt länger.

»Mein Vater wollte niemals weg aus seiner Heimat«, sagt er dann, »es hätte ihn stolz gemacht, wenn ich mehr Amerika nach Hause gebracht hätte.«

Der Ton, in dem er das sagt, lässt keinen Zweifel daran, wie wenig eine Rückkehr für ihn jemals infrage gekommen ist.

Auch wenn es den Ort, von dem er schon im Alter von elf Jahren fliehen wollte, in Wirklichkeit nicht mehr gibt.

Tschechisches Rindergulasch
à la Karel in Portland, Oregon

Zutaten:

5 EL Pflanzenöl

4 in Scheiben geschnittene Zwiebeln

ca. 900 g Rind (Rostbraten) in etwa 2,5 cm große
Stücke schneiden

11 zerkleinerte Knoblauchzehen

4 EL Ungarisches Paprikapulver

2 EL Tomatenmark (optional)

700 ml Rinderbrühe

1 EL Kümmel-Körner

1 EL Majoran

½ EL grobes koscheres Salz

¼ EL frisch gemahlenen schwarzen Pfeffer

2 EL Mehl

120 ml kaltes Wasser

Zubereitung:

1.) Drei EL Öl in einem großen Topf bei mittlerer Temperatur erhitzen. Die Zwiebeln hinzugeben und für 20 Minuten anbraten, bis sie weich und goldbraun sind. Zur Seite stellen.

2.) Die verbliebenen zwei EL Öl in denselben Topf geben und das Fleisch von allen Seiten anbräunen. Die angebratenen Zwie-

Freiheit

beln und den Knoblauch hinzufügen und für eine Minute erhitzen. Paprikapulver und Tomatenmark hinzufügen. Für 30 Sekunden köcheln lassen. Dann die Rinderbrühe, den Kümmel, Majoran, Salz und Pfeffer hinzugeben. Aufkochen, dann die Hitze reduzieren, das Gulasch zugedeckt leicht köcheln lassen. So lange, bis das Fleisch zart ist (etwa 2 ½ Stunden).

3.) Mehl und Wasser in einer Schüssel verrühren. Diese Mixtur Löffel für Löffel in das Gulasch geben und verrühren. So lange, bis das Gulasch die gewünschte Konsistenz erreicht hat. Für weitere fünf Minuten köcheln lassen. Das Gulasch mit Knödeln oder Eiernudeln servieren.

Zutat

Gerechtigkeit

Charles McGee (92 Jahre alt) musste noch die Straßenseite wechseln, wenn ihm ein Weißer auf dem Bürgersteig entgegenkam. Mitten in den Zeiten der Rassentrennung war dann aber irgendwann nur noch der Himmel die Grenze. Für die legendären »Tuskegee Airmen«, zu denen Charles McGee gehörte und immer noch gehört.

»Neger sind zu blöd zum Fliegen.« Charles McGee würde sich so gewiss nicht ausdrücken. Aber der plumpe, vor Rassismus triefende Satz ist die Quintessenz von allem, was in den 20er- und 30er-Jahren zu diesem Thema in den USA gedacht, gesagt und sogar wissenschaftlich behauptet wurde. Die angeborene Inkompetenz jedes Afroamerikaners, Flugzeuge zu fliegen, war der offizielle Grund, warum sich das US-Militär bis in den Zweiten Weltkrieg hinein hartnäckig weigerte, schwarze Amerikaner zu Piloten auszubilden. Colonel Charles McGee ist das lebende Gegenbeispiel dieses Unfugs. Einer der ersten schwarzen Piloten in der Geschichte des US-Militärs. Heute ein hochdekorierter Veteran mit silbergrauem Haar und feinem Oberlippenbart. Charles McGee zitiert aus einer Studie aus dem Jahr 1925. Den Autoren dieser Studie zufolge verfügen Schwarze weder über die »geistige Fähigkeit noch über die moralische Verfasstheit, in einem technischen Umfeld zu arbeiten und gute Anführer zu sein«. »Schwarze wissen nicht, wie man fliegt, und sind auch nicht in der Lage dazu«, fasst Charles McGee die damalige Meinung zusammen. Ganz ruhig, ohne Ärger oder gar Wut. Das war halt damals so. Aber dann kommt der 7. Dezember 1941. Charles McGees 22. Geburtstag.

An diesem Sonntag ist er mit seinem Vater, einem Pfarrer, im Auto unterwegs zu einer Kirche in Chicago. Es ist 16 Uhr, in den Nachrichten hören sie, dass die Japaner Pearl Harbor angegriffen haben. Ein Großteil der US-Marine ist zerstört. Charles McGee – damals Student und Reservist – denkt sich sofort: Wir werden mit diesem Krieg zu tun bekommen. Genauso geschieht es. Noch am selben Tag erklärt US-Präsident Franklin Delano Roosevelt dem japanischen Kaiserreich den Krieg. Nach einer Phase der Zurückhaltung und Neutralität tritt Amerika in den Zweiten Weltkrieg ein. Eine entscheidende Wende, wenn nicht der Wendepunkt. Aber die USA sind für diesen Kampf nicht gerüstet. Sie haben von allem zu wenig: zu wenige Panzer, Kriegsschiffe, Flugzeuge, Raketen, zu wenige Soldaten und auch zu wenige Piloten. Die Chance für den 22-jährigen Charles McGee. Denn das US-Militär will ein »Experiment« wagen. Neger – wie Schwarze damals noch genannt werden – sollen fliegen lernen. Auch wenn das der »Studie« nach eigentlich unmöglich ist. Charles McGee muss so oder so zum Militär. Es herrscht Wehrpflicht. Zur Infanterie will er nicht. Stundenlanges Marschieren und durch den Schlamm robben sind nichts für ihn, erzählt McGee und rückt seine Brille zurecht. Der heute 92-Jährige sitzt sehr aufrecht auf dem Sofa in seinem gepflegten Eigenheim in Maryland und zeigt Bilder von früher. Darauf ist der junge McGee zu sehen – ein schlanker, feingliedriger Mann, den man sich in der Tat nur schlecht bei Gewaltmärschen mit schwerem Gepäck vorstellen kann. Die Air Force beziehungsweise das »Army Air Corps«, wie die Air Force zu diesem Zeitpunkt noch heißt, passt viel besser zu Charles McGee – auch wenn er Flugzeuge damals nur als selbst gebastelte Papierflieger kennt. Das US-Militär akzeptiert ihn als Bewerber. Das »Experiment« kann beginnen. Aber dafür muss der junge Mann umziehen. Vom Norden, wo er erst in Ohio und dann in Chicago gelebt hat, in den tiefen Süden der USA, nach Tuskegee in Alabama. Kurz vor seinem Umzug heiratet Charles McGee noch seine Jugendliebe Frances, dann macht er sich gen Süden auf. Für die angehenden schwarzen Piloten wird in Alabama eine komplett neue Flugschule errichtet, neun Meilen von Tuskegees Ortsmitte entfernt. Es ist eine getrennte Welt. Und eine fremde noch dazu. Der offene Rassismus und die Willkür, die in den Südstaaten gegenüber Schwarzen herrschen, sind für Charles McGee neu. Was Rassentrennung wirklich bedeutet, das hat er noch nicht zu spüren bekommen. Seine Schulzeit im Norden der USA hat er unbeschadet überstanden. Als er zum ersten Mal in den Süden fährt, merkt er jedoch gleich, wie anders die Stimmung hier ist. Feindlicher. Viel feindlicher gegenüber Schwarzen. Von einem Freund aus Alabama lernt Charles, heikle Situationen zu vermeiden. Schon ein einfacher Stopp an einer Tankstelle kann für einen Schwarzen in den amerikanischen Südstaaten der 1940er-Jahre ein unkalkulierbares Risiko sein. Überall können einem pöbelnde Weiße über den Weg laufen. »Und du wusstest, was auch immer passiert: Das Gesetz ist nicht auf deiner Seite«, erinnert sich McGee. »Rassentrennung« bedeutet: Weiße Soldaten dürfen nicht zusammen mit schwarzen Soldaten untergebracht werden. Weiße Soldaten sollen auch nicht für schwarze Piloten Flugzeuge reparieren, nicht für sie im Tower sitzen und nicht den Flugverkehr überwachen. Deswegen werden auf dem Stützpunkt in Tuskegee neben den schwarzen Piloten schwarze Mechaniker ausgebildet sowie das entsprechende Bodenpersonal. Auch wenn es außerhalb der Tuskegee-Luftwaffenbasis schnell ungemütlich werden kann für die schwarzen Soldaten, ist es in der Flugschule selbst wunderbar. Charles McGee verliebt sich sofort ins Fliegen. Allen wissenschaftlichen »Studien« zum Trotz, das »Experiment« gelingt. Charles McGee lernt ein Flugzeug steuern, seine schwarzen Kameraden lernen es ebenfalls. In kürzester Zeit bildet das US-Militär schwarzes Flug- und Bodenpersonal für insgesamt acht Geschwader aus. Im Dezember 1942 sind sie bereit für den Einsatz. Wesentlich länger dauert es allerdings, einen Auftrag für die Tuskegee-Truppe zu finden. Die Vorbehalte gegen afroamerikanische Piloten sind nach wie vor groß. Erst im Februar 1944 kommen die US-Soldaten mit schwarzer Hautfarbe zum Einsatz – von Italien aus gegen die deutsche Luftwaffe und gegen Hitler-Deutschland. Die Aufgabe der Tuskegee-Piloten: Sie sollen die US-Bomber eskortieren. Die weißen Piloten am Steuer der Bomber wissen meist nicht, dass die Kameraden, die auf sie aufpassen, schwarz sind. Das erfahren sie erst viel später – nach Ende des Zweiten Weltkriegs. »Wir schwarzen Piloten haben die weißen Bomber-Piloten beschützt«, erzählt Charles McGee mit leisem Stolz. »Es war das erste Mal, dass eine größere Gruppe Schwarzer erfolgreich war. Aber dafür war ein Krieg nötig.« Als er und seine Kameraden in die USA heimkehren, müssen sie das Schiff dennoch wieder streng getrennt von den weißen Soldaten verlassen. Es geht zurück zur Flugschule nach Tuskegee in Alabama. Dort wird Charles McGee von seiner Frau Frances erwartet. Sie haben mittlerweile drei Kinder. Auch wenn McGee die Rassentrennung verachtet, so sieht er darin doch einen Vorteil: Seine Kameraden und er bleiben die ganze Zeit über zusammen. Es gibt schlicht keine anderen Regimenter, in die schwarze Piloten und Mechaniker versetzt werden könnten. Denn die sind alle weiß. »Die fünf Jahre in Tuskegee und im Krieg haben uns in besonderer Weise zusammengeschweißt. Ich habe dort Freundschaften fürs Leben geschlossen«, erzählt der 92-Jährige. Ein Jahr nach Kriegsende schließt das US-Militär den Stützpunkt in Tuskegee. Die schwarze Truppe wird in den Mittleren Westen, nach Ohio, verlegt. Im selben Jahr – 1946 – bekommen die Tuskegee-Flieger ihren allerersten Auftrag mit Weißen gemeinsam. Die Rassentrennung innerhalb der Streitkräfte aufrechtzuerhalten ist einfach zu teuer. 1948 befiehlt Präsident Harry Truman schließlich, die Trennung in sämtlichen Teilen des Militärs aufzuheben. Wesentlich früher als im Rest des Landes. Die US-Streitkräfte können sich das strikte Nebeneinander von Schwarzen und Weißen nicht mehr leisten. »Ich glaube, unsere Leistung hat dazu beigetragen«, sagt Charles McGee heute. Er und die knapp 1000 anderen Tuskegee-Piloten sowie die etwa 13 000 Mann Bodenpersonal haben bewiesen: Die Rassentrennung ist unnötig. Schwarze sind doch nicht zu blöd zum Fliegen. »Das Experiment hat gezeigt: Die Hautfarbe bestimmt nicht deine Fähigkeiten. Es kommt darauf an, welche Chancen du bekommst«, so McGee freundlich lächelnd. »Chancen« erwähnt er im Gespräch häufig. Aber um Chancen zu nutzen, muss man sie erst einmal haben. Der begeisterte Pilot beschließt, bei der US-Air Force zu bleiben. McGee fliegt weitere Kampfeinsätze – ab 1950 im Korea-Krieg und ab 1967 in Vietnam – zusammen mit seinen weißen Kameraden. Zweimal wird seine Maschine von feindlichem Feuer getroffen. Beide Male kann er den Flieger sicher landen. McGee steigt zum Colonel auf, zum Oberst. Als er Anfang 1973 – nach mehr als dreißig Jahren – aus dem aktiven Militärdienst ausscheidet, hat er insgesamt 409 Missionen geflogen. So viele wie kein anderer amerikanischer Pilot, der wie er im Zweiten Weltkrieg, in Korea und in Vietnam eingesetzt war. Charles McGee ist zu diesem Zeitpunkt 53 Jahre alt, zu jung für den Ruhestand. Er geht zur Uni, macht seinen Abschluss in BWL, handelt mit Immobilien und managt schließlich den Flughafen von Kansas City. Aber vor allem gründet Charles McGee gemeinsam mit seinen schwarzen Kameraden von früher die »Tuskegee Airmen«. Eine stolze Vereinigung, die an die Leistungen der ersten schwarzen Piloten in den USA erinnert und talentierte Afroamerikaner mit Stipendien unterstützt. Besonders gerührt ist Charles McGee, als er und eine Abordnung der Tuskegee Airmen im Januar 2009 zur Amtseinführung von Barack Obama auf die Ehrentribüne eingeladen werden. Die ersten schwarzen Piloten in der Geschichte der USA sind auf der Mall in Washington D. C. dabei, als der erste schwarze Präsident den Amtseid ablegt. »Eine Ehre, ein großer Moment«, sagt Charles McGee.

Während des Interviews bekommt er einen Anruf eines ehemaligen Tuskegee Airman. Auch wenn McGee vor fast vierzig Jahren aus der US-Luftwaffe ausgeschieden ist, spricht ihn der Anrufer immer noch mit »Colonel« an – das ist über den Lautsprecher am Telefon gut zu verstehen. Die dreißig Jahre beim Militär sind für den 92-Jährigen die prägendsten. Auf den vielen Fotos in seinem Wohnzimmer ist der junge Charles McGee zu sehen, in schicker Fliegeruniform, zusammen mit seinen Kameraden, und glücklich lächelnd mit seiner inzwischen verstorbenen Frau Frances. Heraus sticht ein Foto aus der jüngeren Vergangenheit, vom Juli 2011. Darauf wird der dreifache Kriegsveteran Charles McGee in die »National Aviation Hall of Fame« aufgenommen – ein Ort für Persönlichkeiten, die für ihre besonderen Leistungen in der US-Luft- und Raumfahrt geehrt werden; dafür, dass sie Grenzen überwunden haben. Colonel McGee befindet sich dort in bester Gesellschaft. Denn Neil Armstrong, der erste Mensch auf dem Mond, wird in der »Hall of Fame« genauso gewürdigt wie die Flugpioniere Charles Lindbergh und die Gebrüder Wright. Charles McGee freut sich über diese Anerkennung, darüber, »etwas gemacht zu haben, was von Bedeutung ist«.

Frances' **Company Beef Stew –**
Frances' Rinderschmorgericht für eine Kompanie

Für 12 bis 14 Personen

Zutaten:

1,8 kg Rinderbraten, gewürfelt
Salz, Pfeffer
6 EL Butter oder Öl
8 mittlere Zwiebeln, geschnitten
Paprika
1,4 l Rotwein
1 gelbe Rübe, gewürfelt
12 Karotten, in Streifen geschnitten
1,4 l Wasser
2 EL Chilipulver
2 EL Paprikapuwler
2 EL A-1-Sauce (Steak-Sauce)
2 große Dosen Tomaten
4 x 450g Dosen Kidneybohnen
4 Pakete TK grüne Bohnen

Zubereitung:

Rindfleisch mit Salz und Pfeffer würzen. In Butter oder Öl anbraten, bis es von allen Seiten gebräunt ist. Zwiebeln hinzufügen und mit Paprika bestreuen. Leicht anbraten. Wein und Wasser hinzugießen und für zwei Stunden

Gerechtigkeit

zugedeckt köcheln lassen. Dann gelbe Rüben, Karotten, etwas Wasser, A-1-Sauce, Chilipulver und Paprikapulver hinzufügen. Weitere 45 Minuten köcheln lassen. Tomaten, Kidneybohnen und grüne Bohnen hinzufügen und erhitzen. Mit einem Klecks saurer Sahne servieren.

Zufaf

Wissen

Mechthild Prinz sucht immer noch nach Spuren der Vermissten des 11. September 2001. Sie ist Chefin der forensischen Biologie des Amts für Rechtsmedizin der Stadt New York.

Wer zum ersten Mal aus Europa ankommt, hat eigentlich keine Chance. Die vielen Filmszenen, die unzähligen Klischees, die abgespeicherten Kleinigkeiten sind übermächtig.

Bei »Katz's Delicatessen« simulierte Meg Ryan als Sally den Orgasmus, der Harry, also Billy Crystal, verstummen ließ.

Das »Reservoir« im Central Park ist der kleine Stausee, um den Dustin Hoffman im »Marathon-Mann« noch in Baumwollklamotten joggte. Ehe ihn ein Nazizahnarzt in einer grässlichen Szene auf dem Behandlungsstuhl folterte. Durch den Central Park raste Jahre später Bruce Willis in »Stirb langsam« in einem Taxi querfeldein. Andie MacDowell und Gérard Depardieu rannten durch eben diesen Park, als sie in »Green Card« das Scheinehepaar spielten. Das Drehbuch von »E-Mail für dich« schickte Meg Ryan und Tom Hanks zum Spazierengehen und Verlieben in den Central Park. Die beiden hatten aber auch schon Jahre zuvor in »Schlaflos in Seattle« ihr Herz füreinander entdeckt. Anders als der Filmtitel nahelegt, nicht im pazifischen Nordwesten der USA, sondern auf der Aussichtsplattform des Empire State Building.

Nein, es gibt kein Entkommen. Der New-York-Neuling aus Europa steigt mit von der Flugzeugluft ausgetrockneten Schleimhäuten aus dem Interkontinental-Jet. Zermürbt von der Einreisekontrolle sitzt er dann irgendwann in einem Auto, das aussieht wie ein New Yorker Filmtaxi. Vor allem deswegen, weil es ein New Yorker Taxi ist. Er lässt sich nach Manhattan in ein Hotel bringen, das in den Katalogen meistens ›Boutique-Hotel‹ heißt. Ständig wendet sich der übermüdete Kopf von links nach rechts und wieder zurück.

»Ist hier nicht, war hier nicht, das muss es doch sein, oder nicht?«, fragt die innere Stimme, während sich das Filmgedächtnis mit der echten Umgebung softwareaktualisieren möchte. Robert De Niro, der in New-York-Filmen schon ein durchgeknallter Taxifahrer war, immer wieder Mafioso, aber auch Kämpfer gegen die Mafia, der ist am 17. August 1943 in dieser Stadt zur Welt gekommen. Er ist geblieben, hat mittlerweile ein echtes und vor allem echt teures Hotel eröffnet.

Mechthild Prinz ist New Yorkerin. Es gibt sie aber nicht als echte Mechthild. Denn die Ansammlung von Konsonanten in ihrem Vornamen kann kein Amerikaner aussprechen. Mechthild ist ›Mecki‹. Sie spricht englisch mit deutschem Akzent. Wenn sie deutsch redet, dann sagt sie »erwachten« statt erwarten, oder »un« statt »und«. Wie es diejenigen tun, die wie Mechthild Prinz im Umland von Köln aufgewachsen sind. Mag schon sein, dass überall auf der Welt Frauen so sein wollen wie die flirrenden Biester aus »Sex and the City«. Auch wenn sich in SoHo Sachen einkaufen lassen, die es sonst nirgends gibt, und wenn Woody Allen immer noch in irgendeinem Club an ausgewählten Abenden Klarinette spielt: Für Mechthild Prinz ist New York oft nicht groß anders als Köln-Nippes.

Sie geht um die Ecke ins Kino. Und um die andere Ecke ins Restaurant. Ihre Arbeitskollegen sind keine exaltierten Städter mit abgefahrenen Hobbys. Sondern Angestellte des öffentlichen Dienstes, die gerne angeln. Oder Motorrad fahren. Oder bei ihrer Oma in Queens im Garten grillen.

Dabei leben sie beruflich wie im Film.

Mecki Prinz' Kollegen sind die Beamten der New Yorker Polizei, des NYPD. Bei denen gibt es auch tatsächlich die CSI New York.

Wenn in New York ein schweres Verbrechen geschieht, müssen die Spurensicherer, also die Leute der ›Crime Scene Investigation Unit‹, jede kleinste Spur im Wortsinne zusammenkratzen. Haare, Hautfetzen oder – Hurra! – eine ganze Fingerkuppe. In Seminaren hat die 53-jährige Biologin aus Deutschland den Polizeibeamten klargemacht, warum sie auf die Details achten müssen. Warum sie akkurat und präzise sein müssen. Dr. Mechthild Prinz dreht selbst keine Leichen um und steckt ihnen zur Todeszeit-Feststellung auch kein

Thermometer in den Po. Gleichgültig, ob geschossen, gestochen oder zu Tode geprügelt wurde: Der Chefin der Abteilung für Forensische Biologie der städtischen Gerichtsmedizin New Yorks begegnen die dramatischsten Geschehnisse nur in Fläschchenform. In Lösung aufbewahrtes Zellmaterial. Sie hofft, selbst aus einem Kleinstpräparat DNA isolieren zu können. Den einzigartigen genetischen Fingerabdruck will sie zuordnen. Bestenfalls dem Täter, der im günstigsten aller Fälle schon im Gewahrsam des New York Police Department ist.

Wer fragt, dem erzählt sie gern, dass die New Yorker Polizisten wirklich so sind, wie in zig Krimis behauptet wird. Hartgesotten, stiernackig. Mit einer Waffe am Clip oder im Schulterhalfter, die in der größten Stadt der USA mehr ist als nur ein einschüchterndes Utensil. Das New York Police Department ist bei anderen Polizeien wegen der Großmäuligkeit seiner Beamten zumindest berüchtigt. Selbst das Militär hat der New Yorker Polizeichef schon gegen sich aufgebracht, als er in einem Interview behauptete, seine Behörde sei in der Lage, Flugzeuge abzuschießen.

Mechthild Prinz hat mit beinahe allen realen Schrecken New Yorks jeden Tag zu tun. Aber die Szenerie eines Verbrechens in echt anzugucken ist für sie psychisch viel zu viel. Sagt sie. Ohne dass Widerspruch aufkommen könnte. Denn wenn dieser zarten Rheinländerin eine Begabung fehlt, dann die zum Prahlen, zum Aufschneiden, zur Koketterie.

Inmitten einer der grellsten Städte des Universums, in der das Hupen der Autos zur akkustischen Legende werden konnte, arbeitet sie ganz im Stillen. In den Laboren ihres Instituts ist das Brummen der Klimaanlage das lauteste Geräusch. Eine beinahe klösterliche Zurückgezogenheit im verstörenden Dauerlärm von Midtown Manhattan.

Dabei möchte Mechthild Prinz der Realität überhaupt nicht entrücken. Mitunter antwortet sie nicht unmittelbar auf eine Frage. In einer Schnatter-Plapper-Stadt wie New York kann das schon versunken wirken.

Dabei denkt sie nur sichtbar nach. Bei einem Computer zeigt sich die Sanduhr oder der kreisende Apfel, wenn im Gerät Datenverarbeitungsprozesse ablaufen. Bei Mechthild Prinz zeigt sich ein Lächeln auf dem Gesicht, wenn ihr Prozessor rechnet. »Achtzig zu zwanzig«, antwortet sie, als wir wissen wollen, was sie mit »gemischten Gefühlen« gegenüber den USA meint. Achtzig Prozent positive Einstellung. Begeisterung darüber, wie umfassend Naturwissenschaften gefördert werden. Wie kollegial der Umgang zwischen Studenten und Professoren ist. Der allgegenwärtige Humor, die Spaßbereitschaft. Aber auch Meryl Streep als »Mutter Courage« auf der Bühne im Central Park. Die Restaurants, das Kino direkt um die Ecke von ihrer Sechzig-Quadratmeter-Wohnung in der Nähe des East River.

Zwanzig Prozent Vorbehalte. Gegen die ›anderen‹, die irgendwo außerhalb New Yorks wohnen und meinen, die Evolutionstheorie sei diskutierbar.

»Das ist keine Hypothese. Das ist ein auf überprüfbare Fakten gestütztes Gedankensystem«, formuliert die Frau Doktor mit unrheinischer Kompromisslosigkeit in der Stimme.

Sowieso, diese Beterei. Auf einem Wissenschaftlerkongress falteten die Kollegen vor dem Essen die Hände. »Ganz und gar nicht meine Kultur«, seufzt die New Yorkerin Mecki.

Die verklemmte Sexualmoral, die immer wieder im amerikanischen Fernsehen präsentiert wird, geht ihr ebenfalls auf die Nerven.

Das ist allerdings kein europäischer Dünkel. Wie der, den jedes deutsche Pärchen runterbetet, das zum Weihnachtsshopping gerade eben in New York war. Das klingt dann ungefähr so: Die Franzosen haben die Erotik erfunden, die Skandinavier drehen versaute Filme, und wir Deutsche sind im Ikea-Ehebett auch ganz schön locker drauf. Aber die Amis? Alle total verklemmt.

Nach 17 Jahren in den Vereinigten Staaten hat Mechthild Prinz schon oft gehört, wie alle möglichen Tugendwarte die Familie als das größte, heiligste Gut beschwören.

Was insbesondere Evangelikale an Tiraden gegen Homo-Ehe, gegen Abtreibung und manchmal sogar gegen Empfängnisverhütung rausschrauben, lässt Dr. Prinz nur noch kopfschüttelnd zurück.

Sie könnte mit ihren Fläschchen schütteln. Denn sie hat gesicherte Spuren von Ereignissen, die es den frommen Worten nach eigentlich nicht geben dürfte. Wie die Spermaspuren in Dominique Strauss-Kahns 3000-Dollar-Suite. Von allen möglichen Männern, an allen möglichen Stellen der Zimmerflucht. Gewiss nicht ausschließlich bei ehelicher Leidenschaft verkleckert.

Anderen ins Gewissen zu reden käme Mechthild Prinz nicht in den Sinn. Dazu ist sie viel zu scheu, viel zu abwägend. Allerdings erzählt sie von dem bedrückenden Gewicht ihres eigenen schlechten Gewissens. Ihre

Mutter hat ihr geraten, nach Amerika zu gehen, als sie sich Mitte der 90er-Jahre in diesen Jazzmusiker verliebte. Auf sie müsse Mechthild keine Rücksicht nehmen, sagte die Mutter. Aber heute ist ihre Mutter eine alte Dame, die mehr Zuwendung bräuchte, als ihr die Tochter in 5000 Kilometer Entfernung geben kann. Ihren kompletten Jahresurlaub verbringt Dr. Prinz deshalb in Deutschland.

Wenn es so etwas gibt wie den ›wissenschaftlichen Durchbruch‹, dann ist der für die Forensikerin unmittelbar mit dem bisher schlimmsten Datum des 21. Jahrhunderts verbunden, dem 11. September 2001. Sie gehörte schon viele Jahre zuvor zu den wenigen, die erkannt haben, wie schlagend sich der Beweis einer Straftat mit DNA-Material führen lässt. Mit einem kleinen Team von Kollegen baute sie in Köln eines der ersten forensischen DNA-Labore Deutschlands auf. Der Erfolg war überzeugend. So wurden mit den neuen Methoden von Dr. Prinz alle drei Täter einer Mehrfachvergewaltigung überführt. Einer der Vergewaltiger hatte sogar mit seiner Tat geprahlt. Wahrscheinlich ohne zu ahnen, was DNA überhaupt ist.

Auch nach ihrem Wechsel auf die andere Seite des Atlantiks 1994 bewährte sich Dr. Prinz schnell. Doch die richtige Prüfung wurde der Angriff auf die Stadt, in der sie lebt.

Während die entführten Flugzeuge in die Türme des World Trade Centers einschlugen, saß sie mit Kollegen in einer Besprechung. Ein Flugzeug, irgendein Flugzeug ist in das World Trade Center geknallt, hieß es. Wahrscheinlich aber nur ein Zahnarzt in einem Privatflieger. Mitarbeiter des Amtes wurden losgeschickt. Schließlich würde es Leichen geben. Wie viele wusste selbstverständlich niemand. Aber alle bereiteten sich mit der professionellen Ruhe vor, die sich Mitarbeiter einer gerichtsmedizinischen Behörde im Umgang mit dem Schrecken nun einmal haben aneignen müssen. Die sonst segensreiche Ruhe der Labore – keine Fernsehgeräte, keine Radios – machte die Flure, auf denen Mechthild Prinz arbeitet, an diesem Tag zu einer Insel der Ahnungslosen. Erst als Dr. Prinz am Abend nach Hause ging und den Fernseher einschaltete, wurde ihr klar, was an diesem Tag passiert war. Gerade mal eine Stunde zu Fuß von ihrem Institut entfernt.

Mechthild Prinz musste sich nicht nur ein Bild davon machen, was der Anschlag übrig ließ. Sie musste aus wissenschaftlichen Gründen nachvollziehen, was in den kollabierenden Türmen mit den Körpern der Opfer geschah. Denn Mechthild Prinz fällt immer noch die Aufgabe zu, die Toten von »Ground Zero« zu identifizieren. Alle. Obwohl bis heute niemand mit letzter Sicherheit sagen kann, wie viele es tatsächlich waren. Bis Mai 2002 wurden 20 000 Leichenteile geborgen. Von den 2752 Menschen, die nach amtlicher Zählung am 11. September 2001 in New York starben, wurden nur etwa 300 komplette Leichen gefunden. Mechthild Prinz macht mit den Händen eine Pfeffermühlen-Bewegung, wenn sie die Kräfte beschreibt, die im Inneren der einstürzenden Türme wirkten. Hinzu kam die Hitze der noch sechs Wochen lang brennenden Trümmer.

Alle Teile, die mit herkömmlichen Methoden nicht zu

identifizieren waren, wurden an Dr. Prinz und ihre Kollegen weitergereicht. Die haben inzwischen ihre Methoden verfeinern müssen, um selbst in kleinsten menschlichen Überresten DNA-Schnipsel erkennen zu können. Etwa 40 Prozent der Opfer sind auch zehn Jahre nach den Anschlägen nicht identifiziert. Die Chef-Forensikerin bekommt das ständig vor Augen geführt. Denn neben ihrem Institut steht ein Behelfsbau. Wie ein Oktoberfest-Bierzelt, nur kürzer, als wäre es nach zehn Metern abgeschnitten. In diesem Bau lagern tiefgefroren die Überreste von 9/11-Opfern, die noch nicht identifiziert sind und womöglich niemals identifiziert werden können.

Viele Angehörige haben mittlerweile eine Kreditkarte oder die Lieblingsmütze des getöteten Menschen beerdigt. Mechthild Prinz kann verstehen, wie sehr da ein Anruf ihres Instituts verstört, wenn doch noch ein Fingernagel aufgetaucht ist, der sich zuordnen lässt. Wenn sie dann anbietet, man könne sich darum auch im Institut kümmern, hört sie oft Erleichterung bei den Angehörigen.

Wenn sie ihren Lieblingsplatz an einem schönen Sommertag in Manhattan nennen soll, dann spricht Mecki ganz begeistert von der neuen Marina in der Nähe des Battery Park, an der Südspitze der Insel. Dort sei sie auch schon auf dem Hudson segeln gewesen. Spektakulärer lässt sich innerstädtisch wohl kaum segeln. Denn zur einen Seite ist die Freiheitsstatue zu sehen. Auf der anderen die Westseite Manhattans. Die alten Anlegestellen der Ozeanriesen. An einem dieser Stege hätte die Titanic festmachen sollen.

Zwei Straßen hinter der Marina, an der Mechthild Prinz entweder in See sticht oder nur ein Eis kauft, liegt die wohl gefühlsträchtigste Baustelle der USA. »One World Trade Center« entsteht neben der Ground-Zero-Gedenkstätte.

Die Einwanderin aus Deutschland erwähnt das nicht.

Vielleicht, weil sie als Profi in einem dunklen Bereich Beruf und Privatleben besonders sauber trennen muss. Vielleicht aber auch, weil sie sich nach 17 Jahren New York nicht mehr ständig die Touristenfrage stellt:

»Ist hier nicht, war hier nicht, das muss es sein, oder nicht?«

Mechthild Prinz kennt die Antwort. Doch, es war genau hier.

Mango-Sahne-Quark

Zutaten:

2 reife Mangos
500 g Magerquark
200 ml Sahne
2 Esslöffel Zucker
1 Zitrone

Magerquark mit Zucker und Saft einer halben Zitrone anrühren. Sahne getrennt steif schlagen und vorsichtig mit der Quarkmasse mischen. Beide Mangos schälen. Eine davon in Würfel schneiden. Die andere mit etwas Zitronensaft pürieren.

Danach Quarksahnemasse, Mangopüree und Mangowürfel schichtweise in vier Gläsern anrichten. Gut gekühlt servieren.

Quark ist zwar in New York nicht so einfach zu kaufen, aber es gibt ihn. Ist hier auf jeden Fall ein Nachtisch, der auch Gesprächsstoff liefert.

Wissen

Zutat

Furchtlosigkeit

Patty und Alan Register züchten in der Wildnis Floridas
Alligatoren und Krokodile. Um sie irgendwann zu ›ernten‹. Denn ›schlachten‹ ist als Wort aus der Mode.

Nachdem sie einige Zeit in Palmdale gelebt hatte,
dachte Patty: Ein guter Ort, um gefressen zu werden.
Es passierte am Morgen, als ihr Mann Alan ihr zurief,
er würde die Kinder zur Schule fahren. Da brach Patty
in Tränen aus. Sie hatte doch fahren wollen! Fünfzehn Minuten Fahrzeit, die sie zwar nicht in eine größere Stadt, aber zu Menschen führen würden. Anderen
Menschen.

Um Patty und Alan herum leben mehr als zweitau-
send Alligatoren und Krokodile. Die müssen sich allerdings mehr vor ihren beiden Besitzern in Acht nehmen
als umgekehrt. Denn Alan schlachtet die Alligatoren,
wenn sie alt genug sind. Und Patty tütet die fettarme
Feinkost ein. Es gibt viel mehr Hunger nach Alligator,
als die beiden mit ihrer Zucht sättigen können.

Der böseste Feind des Ehepaars war lange Zeit die Einsamkeit.

Denn rund um ›Gatorama‹, Alans und Pattys Farm, gibt es nichts außer Natur. Palmen, Sümpfe, Weiden. Alles flach. Hier und da durchschnitten vom Asphalt der Fernstraßen. Die führen zu den berühmten Orten in Florida. Orlando und Disney World. Die Raumfahrtstadt Cape Canaveral. Die Partyzone Miami. Die schwule Paradiesinsel Key West. Palmdale liegt mittendrin im Nirgendwo. Patty und Alan haben um ihr ›Gatorama‹ einen Zaun gezogen, über den man sich tot hängen kann. Und das ist es dann auch schon. Fünfzehn Minuten Fahrt zur Kirche, mindestens dreißig Minuten zum Einkaufen. Schön essen in Fort Myers: mindestens eine Stunde. Die Stadt Haines, in der sich die beiden als Teenager kennenlernten: 160 Kilometer. Und Haines ist alles andere als eine Metropole. 13 000 Einwohner, fünf Highways und ein neues Legoland in der Nähe. Für Pattys Mutter war Haines der letzte Ort vor der Hölle. »Nur über meine Leiche« hatte sie Pattys Vater gedroht, als der ankündigte, er würde einen Alligatorenpark in seiner Heimat in Süd-Florida kaufen. »Meine Mutter war Nordstaatlerin«, sagt Patty noch im Jahr 2011, also 150 Jahre nach Beginn des amerikanischen Bürgerkriegs zwischen Nord und Süd. Gemeint ist der Nordstaat Minnesota, der so tief im Bibbergürtel der Vereinigten Staaten liegt, dass den meisten Amerikanern schon bei der Erwähnung kalt zumute wird.

Die Mutter schloss einen zögerlichen Frieden mit den Alligatoren, als sie sah, wie viele Besucher die Tiere sehen wollten.

Zog aber auch nur bis nach Haines an den Park heran und nahm lediglich einzelne Möbelstücke mit.

»Als meine Mutter starb, kam mein Vater plötzlich vom Alkohol los«, Patty setzt die sarkastische Pointe sicher und lacht so laut, dass wahrscheinlich den Alligatoren vor dem Wohnzimmerfenster mulmig zumute wird.

Sie lacht viel. Sogar auf der Website von ›Gatorama‹ ist sie als lachende Cartoonfigur zu sehen, die einen ebenfalls amüsierten Alligator in einem übergroßen Topf kocht. Die Einsamkeit stört sie heute nicht mehr. Auch wenn Patty und Alan es selbst nicht so sagen würden: Es gibt keinen Zweifel, wo die beiden mittlerweile hingehören.

Damals, Ende der 80er-Jahre, war das noch anders.

Ihr Schicksal entschied sich ganz pragmatisch. Es war ein Verwaltungsakt, der Alligatoren von der Liste der gefährdeten Arten entfernte. Die Populationen hatten sich erholt. Es war wieder erlaubt, die Tiere zu züchten und zu schlachten. Der Vater brauchte ihre Hilfe, wenn das Geschäft mit den Echsen vergrößert werden sollte.

Alan hatte zehn Jahre Dienstzeit bei der US-Marine hinter sich. Saß als Sonarexperte in U-Booten im Nordatlantik. Lauschte dem Feind im Kalten Krieg hinterher. Es muss ein scharfer Kontrast für ihn gewesen sein. Von den leisen Tönen unter Wasser wieder zurück zu der geliebten Lautstärke seiner Patty. Vorübergehend Alligatoren, vorübergehend in die Öde Süd-Floridas, warum denn nicht, entschieden die beiden.

Alan musste sich Fertigkeiten aneignen, für die es auch in den Sümpfen Floridas keine Volkshochschulkurse gibt. Wie man Alligatoren aus dem Wasser zieht, ohne selbst hineingezogen zu werden, ist eine wichtige Technik für einen Alligatorfarmer. Welches Futter den Tieren bekommt. Wie Kämpfe unter den Echsen verhindert werden können. Denn jede Macke in der Haut senkt den Preis, der damit erzielt werden kann.

Alan könnte leicht den Kroko-Macho geben, den außeraustralischen Crocodile Dundee. Kann den Ringfinger vorzeigen, von dem er eine Kuppe einbüßte. Damals wollte er ein Krokodil einfangen, das durch den Zaun gebrochen war, um sich zum Entsetzen der umstehenden Urlauber über ein Reh herzumachen. Heute behauptet Alan, es seien Pattys Schreie gewesen, die ihn beim Anlegen der Schlinge so abgelenkt hätten, dass das Tier die Schnauze doch wieder öffnen konnte.

Er hat die Statur von anderthalb deutschen Stromkästen und eben die Arme, die jemand braucht, um Alligatoren zu bändigen.

Doch wenn er einen frisch geschlüpften Kleinalligator in den Händen hält, dann spielt er so zart mit dem Tierkind, als wäre er vor allem ein 52-jähriger Junge.

Sein Teddybärgesicht verliert allerdings jede Niedlichkeit, wenn es um das große Ganze geht. Patty und er sind sich einig, dass sie schlecht regiert werden. Die Vorschriften, der Papierkram, und sie sollen nicht mehr vom ›Schlachten‹ sprechen, sondern vom ›Ernten‹. Als könnte sich irgendjemand ein Alligatorenfilet von der Ähre knipsen, ohne dass Blut fließt.

Sie haben ihre Kinder hier großgezogen. Erika, die unbedingt wegwollte und jetzt in Nord-Kalifornien als Lehrerin arbeitet. Benjamin, der gelegentlich aushilft, mit den Alligatoren bestens klarkommt. Sich nur ungern daran erinnert, wie er und seine Schwester mit dem Gatorama-Bus von der Schule abgeholt wurden. Der stank nach dem leicht fauligen Hühneraas, das die Zuchttiere der Familie so gern zerreißen.

Es könnte alles so gut sein, sie wollen doch von keinem was, ereifert sich Patty. Als 2004 und 2005 Wirbelstürme die Holzbrücke wegrissen, über die die Touristen unbeschadet über die Alligatoren hinwegschreiten können, musste Alan eine Lösung finden. Sie konnten nicht auf die Hilfe der Gemeinde, des Landes oder gar des Bundes warten. Denn dann würden sie heute noch mit den Alligatoren um die Wette schwimmen, um ans andere Ufer zu kommen.

Mit einem Pontonboot hat Alan alles wieder aufgerichtet, ohne dass einer seiner Helfer oder er selbst zwischen die Echsen geplumpst wäre. Totale Unabhängigkeit, so will er das, so muss das sein. Man muss sie mit ganz vielen Fragen zu dieser Antwort schubsen, aber letztlich ist gerade das für Patty und Alan Amerika.

Auch wenn es irgendein Auto war, das sie nach Palmdale brachte: Mental sind sie mit dem Planwagen gekommen. Deswegen sagen sie auch nicht einfach Freiheit, »Freedom«, als sie sagen sollen, welche Zutat die USA ausmacht. Sie sagen »Liberty«. Ein Ausdruck, den die Tea Party in den vergangenen Jahren zum Kampfbegriff gemacht hat. Denn er bedeutet mehr als frei zu sein. »Liberty« bedeutet Freiheit von despotischer oder autokratischer Herrschaft.

Allerdings wollen sie es mit der Politik auch nicht übertreiben. Viel lieber frotzeln sie sich an, als wären sie nach dreieinhalb Jahrzehnten immer noch in der Neck-Phase.

Oder Alan zeigt Goliath. Der Alligator musste in Einzelhaft, nachdem er mehrere Alligatoren-Davids getötet hatte.

Alan steigt in das Gehege und reizt Goliath mit dem Stiel eines Sonnenschirms. Fährt ihm über das Maul, damit er seine Kiefer schön laut knallen lässt. Das klingt ungefähr wie ein Wischeimer, der aus dem dritten Stock auf einen Bürgersteig fällt.

Ein gar nicht so großer Mann vor einem etwa drei Meter langen Untier.

Die echten Bestien sitzen aber in Washington. Sie trinken Soja-Macchiato und verwandeln die USA in einen Unrechtsstaat. So sieht Alan Register das. Als er aus Goliaths Gehege steigt, lächelt er freundlich. Es war ein Spaß. Mit diesem berechenbaren Monster, das ihn so schnell nicht frisst.

Gebratener **Alligator** in Weißwein-Knoblauch-Sauce

Zutaten:

4–6 Alligatorfilets

Saft von 3–4 Limetten (je nach Geschmack auch etwas mehr)

1 EL Olivenöl

2 EL Butter

5 EL zerkleinerter Knoblauch

3 EL Mehl

4 EL frisch geschnittener Koriander

120 ml Weißwein

Salz und Pfeffer

Zubereitung:

Die Alligatorfilets abwaschen und trocknen. In eine Glasschüssel legen und mit Limettensaft beträufeln. Die Schüssel mit Plastikfolie abdecken und für mindestens eine Stunde in den Kühlschrank stellen.

In einer schweren Pfanne Öl und Butter bei mittlerer Temperatur erhitzen. Den Knoblauch darin leicht anbraten. Danach den Knoblauch zur Seite stellen.

Die Alligatorfilets aus dem Kühlschrank holen. Den Limettensaft aufbewahren. Die Filets trocken tupfen und mit Mehl bestäuben. Dieselbe

Furchtlosigkeit

Pfanne, in der der Knoblauch angebraten wurde, bei mittlerer Temperatur erhitzen. Die Filets darin von jeder Seite zwei bis drei Minuten anbraten – bis sie braun und knusprig sind. Die Alligatorfilets aus der Pfanne nehmen und im Ofen warm halten. Den Knoblauch wieder erwärmen. Den Limettensaft hinzugeben sowie Wein, Koriander, Salz und Pfeffer – zusammen kurz aufkochen. Die Sauce über die Alligatorfilets geben. Mit Reis oder Pasta servieren.

Zutat

Humor

Elaina Newport kennt alle US-Präsidenten der vergangenen dreißig Jahre. Sie hat die mächtigsten Männer der Welt nicht nur kennengelernt. Sie hat sich auch über sie lustig gemacht. Während der jeweilige Präsident vor ihr saß. Ihre Gruppe, die »Capitol Steps«, tut aber angeblich nichts. Sondern macht »politisches Musiktheater«.

Die anderen haben angefangen. Die bauen doch den Mist. Wer hat denn öffentlich einen Schüler korrigiert, nachdem der das Wort ›Kartoffel‹ richtig geschrieben hat? Einer von denen. Dan Quayle war das. Ein Mann, der wohl froh sein kann, dass man für das Amt des Vizepräsidenten der USA keinen Intelligenztest bestehen muss. Von 1989 bis 1993 hoffte ganz Amerika, dass George H. W. Bush nichts passieren möge. Denn sonst hätte Dan Quayle ihn vertreten müssen.

Peinlichkeiten, Dummheiten, Doppelmoral, das liefern sie ohne Unterlass.

1996 möchte sich Bob Dole, republikanischer Gegen-kandidat von Präsident Bill Clinton, zu seinen Unter-stützern runterbeugen. Leider hat jemand vergessen, das Geländer seiner Wahlkampftribüne zu befestigen. Bob Dole stürzt, verliert die Wahl, sein Selbstbewusst-sein ist dennoch unerschüttert. Er sagt gern »Bob Dole meint«, wenn er zu einem Urteil gekommen ist.

Und immer wieder verirren sie sich auf dem Weg zum Sex.

Der stockkonservative Senator Larry Craig aus Idaho macht auf einer Flughafentoilette in Minneapolis alle einschlägigen Gesten, die man halt so macht, wenn man Sexkontakt sucht. Die Toilette ist als ›Schwulenklappe‹ bekannt. Leider geht auf Craigs Avancen ein verdeckter Ermittler der Polizei ein und nimmt den Senator wegen ›ungebührlichen Verhaltens‹ fest. Als Craig sein vor Ge-richt abgegebenes Geständnis Monate später öffentlich zurückziehen will, wird die Geschichte gänsehautpeinlich.

Im Mai 2011 schickt der liberale Kongressabgeord-nete Anthony Weiner irrtümlich 56 000 Twitter-Follo-wern Fotos seines Geschlechts. Besonders bitter für Weiner: Amerikaner sprechen seinen Nachnamen wie ›Wiener‹. Und sie bestellen unter dieser Bezeichnung, genau wie Menschen im deutschsprachigen Raum, ein kleines, dünnes Brühwürstchen. Eine Geschichte, die Barack Obama überhaupt nicht gefreut hat. Jedenfalls riet der Präsident seinem Parteifreund öffentlich zum Rücktritt. Der folgte dieser Aufforderung.

In zehn Jahren wird sich wahrscheinlich niemand mehr an Anthony Weiner erinnern. Aber es dauert ge-wiss noch Jahrzehnte, bis in Vergessenheit gerät, wie

Bill Clinton das berühmteste Büro Amerikas, das Oval Office, in ein ›Oral Office‹ verwandelte. Neunmal machte er mit der Praktikantin Monica Lewinsky Sachen, die allein Clinton wohl nicht als Sex wahrgenommen hat.

Nein, Elaina Newport war nicht dabei, als eine Zigarre im Liebesspiel mit der mächtigsten Praktikantin der Welt wichtig wurde. Elaina hat dem Präsidenten nicht zur Frivolität geraten. Sie hat sich darüber auch nicht gallenbitter empört, wie all die Verstockten, Verkrampften und Verlogenen in Amerika. Stattdessen hat Elaina Newport aus der Clinton-Affäre wieder mal das Beste gemacht: einen Riesenspaß. Gemeinsam mit ihren Kollegen von der Polit-Comedy-Gruppe »Capitol Steps«.

»Wir haben nicht mit der Satire angefangen« (»We didn't start satire«) singen sie als grandioses Finale bei ihren Auftritten im Jahr 2011. Auf die Melodie des Billy-Joel-Hits »We didn't start the fire«. Mit der Zeile, die übersetzt bedeutet: Satire ist die Kunst zu wissen, wo Zigarren hingeraten können (»it's a way of knowing, where cigars are going«).

Mit diesem Lied, in dem sie versichern, nicht angefangen zu haben, feierten die »Capitol Steps« auch ihr 30-jähriges Jubiläum.

1981 fingen sie an. Ohne zu wissen, was sie da lostraten.

Elaina Newport arbeitete für das Büro des republikanischen Senators Charles Percy. Die junge Frau aus einem Vorort von Philadelphia fand es sehr aufregend, tatsächlich auf dem ›Hill‹ angekommen zu sein. So wird das politische Zentrum in Washington D.C. genannt, weil das Capitol auf einem kleinen Hügel thront.

»Ich konnte schnell tippen«, grinst sie, wenn sie sagen soll, was sie für die Arbeit in der Hauptstadt-Politik qualifizierte. Tatsächlich formulierte sie, was der Senator sagte. Alles. Von kurzen Statements bis zu ausführlichen Reden. Ihre damalige geistige Nähe zu den Demokraten wird ihren Arbeitgeber kaum gestört haben. Denn der war ein sogenannter Rockefeller-Republikaner. Streng wirtschaftsliberal. Aber ansonsten Anhänger einer größtmöglichen Freiheit für jedermann.

Ihr Bürokollege Bill Strauss wusste hingegen, dass Elaina nicht nur schön groß, schön blond und schön kompetent war. Sondern er kannte auch ihren früheren Traum, Konzertpianistin zu werden. Den sie aufgegeben hatte, als ihr klar wurde, dass sie mit den Begabteren doch nicht mithalten konnte.

Bill erzählt ihr, er habe die langweiligen Weihnachtsfeiern im Büro satt. Stattdessen wolle er es mit Politikerparodien probieren. Und ein paar gehässigen Songs. Ob sie mitmachen möchte, will er wissen.

Elaina musste nicht lang überlegen. Sie war gern dabei. Obwohl es nur für die Weihnachtsfeier war, probten sie viel und professionell. Das ist eine der Erklärungen, die Elaina dafür hat, wie aus einem Party-Intermezzo ein Drei-Millionen-Dollar-Unternehmen mit vierzig Beschäftigten werden konnte. Es war von Anfang an professionell. Alles saß.

Die »Capitol Steps« können ihr politisches Musiktheater mittlerweile an vier Orten gleichzeitig stattfinden lassen. Für Elaina ist immer freitags und samstags Weihnachtsfeier. Dann steht sie auf der Bühne und schrillt, wie Sarah Palin, die erzkonservative Nervensäge aus Alaska. Oder lässt ihr Gesicht erstarren, um die Botoxlähmung der ehemaligen demokratischen Mehrheitsführerin Nancy Pelosi nachzuahmen.

Dabei hält Elaina als Elaina Newport ihr Gesicht ständig in Bewegung. Mit einem leichten Lachen. Oder mit einem größeren Lachen, wenn sie sich über die unfreiwillige Großzügigkeit freut, mit der die politischen Akteure den »Capitol Steps« Material schenken. Sie gluckst vor Begeisterung, als wir ihre heutige Weltanschauung als »fundamentalistisch moderat« umschreiben.

Elaina Newport, eine freundliche Frau, die von kicherig bis schallend vor allem gern lacht. Mit der man Kekse backen und wahrscheinlich ganz toll Weihnachtslieder singen kann.

Nur die Elaina, die manchmal so grimmig wird, wie es ein notorischer Zeitungsleser beinahe werden muss, die zeigt sich auf den ersten Blick nicht. Die gibt es aber.

Sie schreibt mehr als die Hälfte des Programms. Lässt den Abend ganz, ganz locker beginnen. Viel leichtgewichtiges »Hihihi«. Zwischen niedlich und albern, so scheint es zunächst, wenn die reifen Erwachsenen auf die Bühne kommen und vor so manchem Kalauer nicht haltmachen.

Umso drastischer wirkt dann eine Nummer, die plötzlich überhaupt nichts Süßes mehr hat. »What happens in Falludscha, stays in Falludscha« skandieren die Darsteller auf der Bühne. Das ist bitterböse. Las Vegas ist der US-Ballermann, und es gilt die Regel, dass die dort begangenen Sünden auch in der Wüste Nevadas verbleiben: »What happens in Vegas, stays in Vegas.« Falludscha ist ein irakischer Ort, der im Irakkrieg von

US-Soldaten und privaten Söldnern grausam umkämpft wurde. Es gab viel zu viele zivile Opfer. Und den Vorwurf, vor allem US-Marines hätten dort Kriegsverbrechen begangen.

Aber auch wenn manche Nummern alles andere als harmlos sind: Elaina Newport möchte, dass sich die Zuschauer amüsieren. Eine Revue des Allzumenschlichen führt sie im Schilde. Entspannte Unterhaltung, die wie Improvisationstheater daherkommt. Nicht wie die mühevolle Massage der rechthaberischen Reflexzonen, zu denen mancher deutsche Kabarettist ein gleichgesinntes Publikum vorlädt. Dabei hat sie anfangs überrascht, wie gerne sich amerikanische Politiker fertigmachen lassen. »Don't go faking you're smart« singt Laura Bush ihren Mann George W. an. Der Hit, der den Text so angenehm gleiten lässt, stammt von Elton John: »Don't go breaking my heart«. Selbstverständlich sind die »Capitol Steps« vor Präsident George W. Bush aufgetreten. Der sich zwischendurch immer wieder selbst so zum Horst gemacht hat, dass den Spöttern um Elaina Newport keine Steigerung mehr einfiel.

Als sie im Weißen Haus vor seinem Vater, George H. W. Bush, auftraten, verloren die »Capitol Steps« ihre Hemmungen. Denn vor dem Auftritt erschienen die Paladine des POTUS (President of the United States) und verlangten: keine Witze über unseren Chef.

Die »Steps« wollten keine schlechten Gäste sein und hielten sich daran. Bis sich irgendwann George Bush senior mokierte, warum denn alle ihr Fett abbekämen, nur er nicht. Ob sie nichts über ihn im Köcher hätten?

Sie hatten. Eine Spott-Nummer über einen Auftritt

Bushs vor Veteranen der ›American Legion‹. Noch als Vizepräsident hatte Bush am 7. September 1988 gesagt: »Heute ist Pearl Harbor-Tag. Heute vor 47 Jahren wurden wir hart und härter getroffen.«

Die Veteranen waren zumindest überrascht. Denn sie hatten den Angriff auf Pearl Harbor drei Monate später, am 7. Dezember 1941, miterlebt.

»Try to remember that date in December«, schmähten die »Capitol Steps« romantisch getarnt. Irgendwann trat der Präsident dazu und trällerte mit. Offenbar war der alte Bush so angetan, dass er die »Capitol Steps« auch zu einem für ihn traurigen Anlass einlud: Seine Verliererparty, nachdem ihn ein gewisser Bill Clinton bei der Wahl 1992 geschlagen hatte. Die »Steps« tunkten Bush zum ›Good bye‹ noch einmal richtig tief in den Kakao.

Barack Obama hat schon mit B. B. King im Weißen Haus gesungen. Er hat sich mit von ihm heiß bewunderten Basketballstars abgeklatscht. Aber als erster Präsident seit Ronald Reagan hat er die »Capitol Steps« bisher nicht ins Weiße Haus gebeten.

»Das liegt weniger an ihm. Sondern eher an diesen schwierigen Zeiten«, glaubt Elaina. Selbst im Weißen Haus lässt sich nicht kontrollieren, wer welche selbstgefilmte Sequenz sinnentfremdet ins Netz stellt. Im vergifteten Klima der amerikanischen Hauptstadt ist alles recht, was sich als Hassbotschaft an den politischen Gegner missbrauchen lässt.

Dabei könnte mindestens der First Lady gefallen, wie im ABBA-artigen »Obama-Mia« die Messias-Erwartung an ihren Mann hochgenommen wird.

Oder wie verblüffend echt ein »Capitol Steps«-Imitator den charakteristischen Singsang des Präsidenten nachahmen kann.

Die Kunst der »Capitol Steps« sei geradezu uramerikanisch, da ist sich Elaina Newport sicher. Auch wenn in ihrem Heimatland ständig so viel schiefläuft, ist sie froh, dass sie mit all den Pannen machen kann, was sie will.

»In Nordkorea hätten wir nur einen einzigen Auftritt. Und im Iran ebenfalls keinen zweiten«, sagt Elaina Newport und hat schon wieder gut lachen.

Denn sie macht eine Arbeit, die ihr meistens nicht wie Arbeit vorkommt. Stattdessen bereitet sie mit Vergnügen Vergnügen. Für schönes Geld. Mit krisenfester Gewissheit. Denn sie kann sich auf die verlassen, die mit der Satire tatsächlich angefangen haben.

Kalte
Gurken-Melonen-Kokosnuss-
Suppe

Ich bin jemand, der nicht viel Zeit zum Kochen hat, aber ich liebe dieses Rezept für eine kalte Suppe im Sommer. Es ist total einfach, und Sie müssen noch nicht einmal kauen!

Zutaten:

1 reife Honigmelone
1 Schlangengurke
160 ml Kokosmilch
   (fettreduzierte oder normale)
1 TL Honig
Minze

Zubereitung:

1.) Am besten alle Zutaten direkt aus dem Kühlschrank nehmen. Die Gurke und die Melone in Stücke schneiden. Vorher die Schale und die Kerne entfernen.
2.) Die Gurken- und Melonenstücke in einen Mixer geben, Kokosmilch und Honig hinzufügen.
3.) So lange mixen, bis die Suppe cremig und schaumig ist.

Humor

4.) In Schüsseln füllen und je nach Geschmack
    Minze hinzufügen.

Lehnen Sie sich an einem Sommerabend ent-
spannt auf Ihrer Terrasse zurück und genießen
Sie die Suppe!

Zufal

Wind

Es sah ganz schlecht aus für das Örtchen Roscoe.
Wer etwas aus seinem Leben machen wollte, zog weg.
Bis dem einarmigen Cowboy **Cliff Etheredge** eine Idee
kam, wie sich in der Mitte von Nichts vielleicht doch
Geld verdienen lassen könnte.
Ausgerechnet im erzkonservativen Texas boomt jetzt
eine grüne Energie.

Cliff Etheredge kann einen Hamburger mit einer Hand
essen. Ihm bleibt auch nicht viel anderes übrig. Denn er
hat nur noch einen Arm. Den linken. Den rechten hat er
vor vielen Jahren verloren. In einer Maschine bei der
Baumwollernte. »Ein Unfall«, erzählt Cliff Etheredge la-
chend. Sein Lachen ist tief, ansteckend und oft zu hören.
Der 70-Jährige ist ein Baumwollfarmer der dritten Generation hier im Westen von Texas. Und er ist vor allem
eins: Retter. Der Retter von Roscoe. Einem kleinen Ort
mit gerade mal 1300 Einwohnern. Und wie man sich das
bei einem Retter aus Texas vorstellt, trägt Etheredge

Jeans, ein kariertes Hemd, Cowboyhut und Cowboystiefel. Draußen vor dem Lokal wartet allerdings kein Pferd auf ihn, sondern ein schwarzer Pick-up-Truck. Drinnen im Lokal mit dem Namen ›Retta Mae's‹ balanciert Cliff gerade wieder mit seiner linken Hand geschickt den Burger zum Mund. Die Kellnerin kommt an seinen Tisch, will wissen, ob es ihm schmeckt. Er nickt. Kein Wunder, denn das ist nicht irgendein Hamburger, den er hier zu Mittag isst, sondern er wurde nach ihm benannt: der ›Cliff Swiss Burger‹ mit gebratenen Zwiebeln und Champignons. Die namentliche Erwähnung in der Speisekarte ist ein Dankeschön. Ein Dankeschön fürs Retten. Denn dass es dieses Diner überhaupt in Roscoe gibt, das liegt auch an Cliff Etheredge. Das ›Retta Mae's‹ hat erst im Jahr 2009 eröffnet. »Retta Mae's – home style cooking« wirbt das Restaurant für sich. Davor stand dieses Ladenlokal über zehn Jahre leer. Und davor gab es dort – wie in fast jedem Kaff in West-Texas – eine Filiale des Kettenrestaurants ›Dairy Queen‹. Die musste allerdings schließen. »Du weißt, dass es um deinen Ort schlecht bestellt ist, wenn sogar ›Dairy Queen‹ dichtmacht«, erklärt Cliff mit seinem breiten texanischen Akzent und nimmt sich ein paar Pommes. Vierzig Jahre war Cliff Etheredge Baumwollfarmer. Wie viele in der Gegend. Aber Baumwolle anzubauen ist ein mühsames Geschäft im Westen von Texas. Der Wind weht ohne Unterlass, trocknet die Böden aus. Von der kargen Baumwollernte zu leben ist »tough«, sagt Cliff. »Ganz schwer, damit genug Geld zu verdienen.« Immer mehr Landwirte gaben auf, die jungen Leute verließen die Gegend, Roscoe verfiel. Auch heute noch sieht das Örtchen aus wie eine in die Jahre gekommene Filmkulisse. Wer ein Herz für heruntergekommene kleine amerikanische Städte von 1890 hat, der mag es hier. Andere werden die mit Brettern vernagelten Ladenlokale eher deprimierend finden. Im Pflaster des Bürgersteigs fehlen ganze Platten, vergilbte Gardinen hängen hinter blinden Fensterscheiben. In einer Auslage steht noch ein handgemaltes Bild von der ersten erfolgreichen Apollo-Mission – so mitgenommen, wie es aussieht, steht es bereits dort, seitdem Neil Armstrong und Buzz Aldrin auf dem Mond landeten, also seit 1969. Der nicht enden wollende Wind treibt sogar Steppenläufer durch die leeren Straßen. Wie im Film, wo diese strohig wirkenden Grasballen Verlassenheit ausdrücken sollen. In Roscoe sind sie keine Requisiten. Sondern echt. Aber ganz, ganz langsam geht es wieder aufwärts. Das zur Mittagszeit gut besuchte ›Retta Mae's‹ ist ein Beleg dafür. Im April 2004 kam Cliff die rettende Idee. Er hatte das Geschäft mit der Baumwolle an seinen Sohn übergeben und fragte sich: Warum nicht den »weltklasse Wind« einfach zu Geld machen? Denn der Wind weht hier im Westen von Texas praktisch immer. Cliff verschlang alles, was es über das Geschäft mit Wind und Windturbinen zu lesen gab. »Je mehr ich darüber erfuhr, desto aufgeregter wurde ich wegen des riesigen Potenzials bei uns. Das hier ist der Windhimmel«, schwärmt der 70-Jährige. Er trommelte die Nachbarfarmer zusammen, erzählte von seinem Plan. Sie alle sollten gegen Bezahlung Windkrafträder auf ihren Grundstücken aufstellen lassen. Pro Turbine und Jahr ließe sich damit ein Zubrot von 3000 bis 5000 Dollar verdienen. Seine Nachbarn waren zunächst skeptisch: »Kennen wir nicht. Haben wir noch nie so gemacht. Was soll das denn?« Aber dann war die Aussicht auf das zusätzliche Geld doch zu verlockend. Viele von ihnen wollten mitmachen. Was jetzt noch fehlte, war ein Auftraggeber. Cliff dachte, die Stromkonzerne würden Schlange stehen, um ihre Turbinen im Windhimmel von West-Texas aufbauen zu können. Aber Fehlanzeige. Also flog Cliff kurzerhand nach New York City. Dort gab es einen Workshop, bei dem sich alles um das Geschäft mit dem Wind drehte. Unter den vielen Anzugträgern in dem New Yorker Hotel fiel der einarmige Texaner mit dem Cowboyhut und den Cowboystiefeln durchaus auf. Cliff war es egal. Er drückte jedem, der ihm über den Weg lief, seine Karte in die Hand, erzählte von dem Wind der Extraklasse in seiner Heimat und fand tatsächlich einen Investor. Inzwischen ist rund um das Örtchen Roscoe der weltweit größte Windpark entstanden. Er gehört dem deutschen Energieriesen E.ON. Mehr als 400 Farmer haben mittlerweile Turbinen auf ihren Grundstücken stehen. »Keiner wird damit reich. Aber jeder bekommt etwas, und das ist großartig. Ich mag es, dass jeder etwas davon hat«, sagt Cliff zufrieden. »Wir können was verkaufen, was uns nicht gehört, was uns nichts kostet. Und im Gegensatz zu Öl und Gas wird der Wind immer da sein.« Der größte Windpark der Welt im Ölstaat Texas – Cliff sieht darin keinen Widerspruch. Selbst der Gouverneur von Texas, der gescheiterte republikanische Präsidentschaftskandidat Rick Perry, hat Cliff Etheredge einen Umweltschutzpreis verliehen – auch das gibt es in Texas. Immerhin: Die 640 Windräder produzieren genug Strom für 265 000 Haushalte – knapp 800 Megawatt. Roscoe nennt sich jetzt schlicht und selbstbewusst »America's Wind Capital« – Amerikas Windhauptstadt. »Einfach unglaublich, dass das so ist«, sagt Cliff, als er in seinem schwarzen Pickup-Truck die Landstraße entlang fährt. Rechts und links die Baumwollfelder. Wie Wattebäusche fürs Abschminken – so sieht die Baumwolle an den grün-braunen Sträuchern aus. Die Felder hören gar nicht auf. Platt ist es, wie in Norddeutschland – nur viel, viel größer und weiter. Selbst der Himmel ist hier *extra large*. Texas eben. Vorbei geht es an kleinen Ölpumpen, die jedem deutschen Fernsehzuschauer aus der Serie »Dallas« vertraut sind. Und dahinter in langen Reihen die eleganten, weißen Windräder. Eins neben dem anderen. Cliff lächelt beseelt wie ein Großvater, der seinem Enkel beim Spielen zuguckt. »Du kannst Windturbinen bis zum Horizont sehen – sie gehören alle zum Windpark von Roscoe«, sagt der Wind-Cowboy. Cliff liebt diesen Anblick – die weißen achtzig Meter hohen Masten mit den Windrädern. Er liebt das Geräusch, das sie machen – dieses Zischen, mit dem die Rotorblätter die Luft durchschneiden. Und wir hören den Wind, den ewigen Wind, der hier durch den Westen von Texas rauscht. »Das, was wir all die Jahre verflucht haben, ist ein Segen geworden«, sagt Cliff und lehnt sich an eine der Turbinen. Der rechte Ärmel seiner Jacke flattert im Wind. Es ist die Seite ohne Arm. Der 70-Jährige hat ein Buch darüber geschrieben, wie es ist, einen Arm zu verlieren. Vierzig Jahre ist das inzwischen her. In seiner Freizeit schreibt Cliff viel. Bücher über Klapperschlangen, von denen es hier noch mehr gibt als Windräder. Gedichte. »Übers

Leben, über Menschen«. Aber das Buch darüber, wie es ist, ohne Arm zu leben, bedeutet ihm am meisten. Diese Feststellung klingt dann doch etwas zu ernst, findet Cliff und will die Situation auflockern. »Man kann wirklich sagen, dass ich das alles mit links gemacht habe«, sagt Cliff, zeigt auf den Windpark von Roscoe und lacht laut über seinen eigenen Witz.

»Cliff Swiss Burger« mit gebratenen Zwiebeln und Champignons

Zutat

Frieden

Die Rundfunkjournalistin Jackie Northam arbeitet für den nationalen öffentlich-rechtlichen Sender NPR. Millionen von Amerikanern ist ihre Stimme vertraut. Wenn sie für eine Dienstreise ihre Tasche packt, darf sie die kugelsichere Weste nicht vergessen. Denn sie berichtet seit mehr als zwanzig Jahren von den Orten, an denen Krieg geführt wird.

Es gibt ein perfektes Picknick.

Und zwar dann, wenn Jackie Northam dabei ist.

Von ihrem Picknickkorb schwärmt sie wie von einem Lieblingskind. Draußen zu essen hat für Jackie überhaupt gar nichts mit einem freiwilligen Rückschritt in der Zivilisationsgeschichte zu tun. Es sind nicht nur die kleinen Deckchen, das echte Geschirr und der gut gekühlte Rosé: Mit der Picknickdecke entfaltet sich Jackies Glamour im vollen Umfang. Der Hut schützt nicht nur vor der Sonne, sondern ist eben vor allem keine Baseballkappe. Ein richtiger Hut, scheint sie den Amerikanern sagen zu wollen, denn ich bin erwachsen genug für einen Hut. Wenn sie dann die langen Beine ausstreckt, muss sie nicht mehr herausseufzen, wie schön doch das Leben im Sommer sein kann. Ihr Lächeln sagt alles.

Wenn auf einem Militärflughafen der USA wieder einmal Särge ankommen, weiß Jackie ganz genau, wie es die Körper in den Kisten zerschmettert hat. Sie kennt die Geräusche von Granatwerfern, von Geschützen, von Maschinengewehren.

Sie hat den Staub Afghanistans auf ihrer Haut gespürt. Sie weiß, wie sich die Hitze der irakischen Wüste anfühlt. Und sie wird die Erinnerung nicht los, wie es roch, als sich in Ruanda Menschen gegenseitig mit Macheten zerhackten. Über das, was sie in Ruanda genau erlebt hat, spricht sie auch auf Nachfrage nicht. Sie ist vielmehr froh, in ihrem Gedächtnis einen Ort gefunden zu haben, wo die Erinnerungen gut verpackt bleiben. »Ich kann niemandem alles erzählen, was ich dort gesehen habe«, sagt sie. »Wenn mich jemand fragt, reicht der Teil, den ich beschreibe, um weitere Fragen zu vermeiden.«

Jackie glaubt daran, dass der Mensch von Natur aus gut ist.

In Ruanda sei etwas schrecklich schiefgelaufen. Deswegen habe sich dort das Schlimmste gezeigt, wozu der Mensch fähig ist.

In dem Teil der Welt, in dem Jackie aufgewachsen ist, gibt es zwar interessante Menschen. Aber wer Kontakt sucht, findet wahrscheinlich eher einen Schwarzbären. Von denen gibt es einfach mehr. Und sie sollen nicht ganz so gefährlich sein wie ihre Verwandten, die Grizzlys. Menschen und Bären lassen sich auf Vancouver Island viel Platz. 450 Kilometer lang und 100 Kilometer breit ist die kanadische Insel. In den 70er-Jahren hat Jackie dort mit ihren Eltern Urlaub gemacht. Immer wieder, jeden Sommer. Obwohl es lange her ist: Sie erzählt davon, als würde sie am liebsten sofort wieder die Sachen packen.

Die Familie lebte in Vancouver. Für viele auch heute eine der attraktivsten Städte der Welt. Direkt am Pazifik. Räumlich schön weit weg von jedem Ärger, den die US-Amerikaner und Europäer machen können. Aber dennoch recht nah dran an einer der Zentralen westlicher ›Take it easy‹-Mentalität wie San Francisco. Als wäre die Stadt nur zu Naherholungszwecken geschaffen worden, liegt der Strand vor der Nase und die Berge zum Skifahren im Rücken. Jackie erinnert sich, in beinahe jedem Sportteam gewesen zu sein, das an ihrer Schule gegründet wurde.

Ihr Vater wollte aufsteigen, musste neben seinem Job als Verkäufer die Uni nachholen und schaffte es auf einen Management-Posten. Der Höhepunkt seiner Karriere bedeutete für den Teenager Jackie ein Stimmungstal. Sein Unternehmen schickte den Vater in Kanadas größte Stadt, nach Toronto.

Die Freundinnen, die Leute aus der Schule, also die wichtigsten Menschen der Welt, waren mit einem Mal 4400 Kilometer entfernt. Während sich viele Bewohner Vancouvers als Strandhippies verstanden, die nur etwas mehr frieren müssen als ihre Geistesgefährten in Kalifornien, gehörte in Toronto eine Krawatte um den Männerhals. Konservativ, öde und arschkalt, so beschreibt Jackie das damalige Toronto.

Der Vater starb mit 48. Herzinfarkt. Vielleicht hat er sich tot gearbeitet. Vielleicht lag es an einem anderen Stress. Jackie mag keine Erklärung liefern. Denn sie weiß den Grund nicht und kann ihn auch nicht mehr recherchieren. Da schiebt sich ihre berufliche Selbstverpflichtung zur Sachlichkeit vor die gefühlvolle Erinnerung an den Papa. Bei küchenpsychologischen Mutmaßungen oder wüsten Spekulationen wird Jackie Northam so schnell niemand ertappen.

Sie ist heute älter, als ihr Vater jemals wurde, aber sie erinnert sich an einen Satz, den er ständig wiederholte: »Don't hurt anybody.« Mit ›Tu niemandem weh‹ ist diese Aufforderung nur unzureichend übersetzt. Es ist eher ein Appell, die Mitmenschlichkeit nicht aus den Augen zu verlieren.

Nach der Schule machte sich Jackie auf den Weg, um wenigstens einige der Menschen kennenzulernen, zu denen sie im Allgemeinen gut sein soll.

Sie reiste mit dem Rucksack um die Welt. Verbrachte ein halbes Jahr in Indien. Bis sich ihr damaliger Reisebegleiter eine schwere Gelbsucht zuzog. Zurück in Kanada schrieb sie sich an der Universität von London, Ontario, für Fotografie ein.

Alles Stationen eines Zickzack-Kurses, und genau so findet Jackie ihr bisheriges Leben am richtigsten beschrieben: hier und dort, hin und her, vor allem keine Linie. Die gesamte Laufbahn eine Serpentine.

Auch wenn es keine zwangsläufige Karriere ist: Heute hören ihr in den USA mitunter zwölf Millionen Menschen zu. Wenn die außenpolitische Korrespondentin Jackie Northam den Teil der Welt beschreibt, der für das Programm des nationalen öffentlich-rechtlichen Rundfunks NPR gerade interessant ist.

Mitte der 80er-Jahre schickte sie der kanadische Rundfunk CBC als Radioreporterin in das berühmtere London, die Hauptstadt Großbritanniens. Im Fernsehen sah sie den Bericht einer Quasi-Kollegin vom kanadischen Fernsehen aus dem Bürgerkrieg im Libanon. »Genauso möchte ich sein«, dachte sich Jackie damals. Die Kriegsreporterin Ann Medina ging immer wieder durch die Ruinen Beiruts. Selbst wenn kurz vorher noch geschossen worden war, wirkte sie so ungerührt, als müsse sie nur eben schnell an der nächsten Ecke den Hund vom Tierarzt abholen.

»Die Jeans, die weiße Bluse, dieser ruhige Ton«, Jackie wollte alles so machen wie Ann Medina. Mit einem Unterschied: Kein Fernsehen. Keine Kameras. Kein Aufnahmeleiter, der ihr womöglich sogar vorgibt, wo sie entlanglaufen soll. Jackie ist immer noch skeptisch, ob der viel größere Aufwand, den das Fernsehen treibt, auch wirklich mehr bewirkt. Sie ist beim Radio geblieben und arbeitet mit einem vergleichsweise einfachen Mittel: Einem zuverlässigen Aufnahmegerät, das alle möglichen Stöße aushalten kann.

Mittlerweile hat sie die Geräusche des Krieges in zig Varianten aufgenommen. Indem sie einfach nur die Aufnahmetaste ihres Geräts drückte und den Arm mit dem Mikrofon ausstreckte. Dann waren die Einschläge der Bomben in Bagdad zu hören. Jackie lag auf dem Dach eines Hotels, auf dem sie eigentlich überhaupt nicht sein sollte. Die Rufe der Soldaten im Irak, in Afghanistan, in Pakistan. Wenn wieder einmal gar nichts so geordnet ablief, wie es Pressesprecher des Militärs später behaupten würden. Sondern wenn junge Männer in Todesangst von irgendwo beschossen wurden und in irgendeine Richtung das Feuer erwiderten.

Jackie war schon mit Elitesoldaten unterwegs. Als es in Afghanistan so schlecht lief, dass sich die militärische Führung entschied, Journalisten auch in sehr sensiblen Bereichen zuzulassen. Höfliche Männer, lustige Männer, attraktive Männer hat Jackie in Erinnerung. Von denen verliert niemand die Nerven, nur weil geschossen wird. Diese Soldaten tun ganz ruhig, was sie ausführlich gelernt haben: Sie töten.

Deswegen bleibt Jackie diese Berufswahl fremd. Denn sie ist eine entschlossene Pazifistin in kugelsicherer Weste.

Das erfahren allerdings ihre Hörer nicht. Denn die Regeln, an die sich Qualitätsjournalisten im angelsächsischen Raum halten, sind für Jackie so zwingend wie Naturgesetze.

Was sie fühlt, meint und denkt, ist unerheblich. Sie soll beschreiben, was sie sieht, und protokollieren, was sie hört. Die von ihr zur Verfügung gestellten Informationen verarbeitet ihr Hörer zu einem eigenen Urteil.

Nur gelegentlich fällt auf, dass sie in den vergangenen zwanzig Jahren nicht einfach die Miss Northam von nebenan war. Sondern dass sie sich ganz woanders als in der Nachbarschaft aufgehalten hat. Manchmal leitet sie Erinnerungen mit anderen Zeitangaben ein als andere Berufstätige. Sie spricht dann von »nach dem Sturm auf das Taliban-Dorf« oder »zwei Tage nach dem Fall Bagdads«.

Sie ist so weltgewandt, dass es schon wieder nervt.

Hätte einer ihrer Freunde in irgendeinem südostasiatischen Hinterwald marinierten Emu gegessen, könnte er mit so viel Exotik nur so lange angeben, bis er Jackie trifft. Denn die würde wahrscheinlich darauf hinweisen, dass Emu mit eingekochter Limette noch besser schmeckt. Und dass sie das einmal in einem unaussprechlichen Ort unter höchst abenteuerlichen Umständen probiert hat.

Niemals würde sie es zugeben, aber man hat den Eindruck, als wollte Jackie am liebsten keinen Krieg mehr sehen. Dazu genießt sie den Frieden zu sehr.

Im Jahr 2011 schloss sie Frieden mit den USA und wurde selbst Amerikanerin. Sie redet zwar immer noch von »denen«, wenn sie US-Amerikaner meint. Und sie hätte auch niemals auf ihre kanadische Staatsbürgerschaft verzichten wollen. Aber nach vierzehn Jahren am Hauptwohnsitz Washington D.C. war sie zu der Vernunftehe mit dem ›star-spangled banner‹ bereit. Sie brach sogar in Tränen aus, als sie die Fahne berührte und den Einbürgerungseid aufsagte. Darauf wird sie allerdings nicht gern angesprochen. Viel lieber redet sie über den Eisbären, den sie auf einer Tour am Polarkreis fotografierte. Auch eine komplett friedliche Unternehmung. Es ging um die Rohstoffreserven im kalten Norden. Jackie war Passagierin auf einem Eisbrecher. Es wurde nicht geschossen. Auch nicht auf den Eisbären.

»Früher war es die pure Aufregung, heute ist es Verantwortung«, sagt Jackie, wenn sie erklärt, warum sie weiter in lebensgefährliche Gegenden reisen wird. Nach so vielen Jahren wüsste sie, wie sie sich zu verhalten hätte. Worauf es ankommt und was ein zu hohes Risiko bedeutet. Sie sei in Krisengebieten mittlerweile einfach »gut zu Fuß«. Und eine solide, unparteiische Berichterstattung müsse sein.

Wenn sie das bei einem Abendessen erzählt, wird keiner der Nachbarn und Freunde widersprechen.

Von denen saßen mehrere entzückt an einer vorweihnachtlich gedeckten Tafel, als Jackie aufstand und ihr Lieblingsweihnachtslied anstimmte: »Silver Bells«.

Sie sang so buttrig sanft, als könnte ihre Mutter sie hören. Die starb schon vor Jahren, wird von Jackie aber noch immer an jedem Tag vermisst. Die Reporterin Jackie Northam, die in ihrem englischen Lebenslauf als »veteran journalist« bezeichnet wird, lächelte dabei so

selig, als hätte sie die vielen Toten, Verstümmelten und Missbrauchten niemals sehen müssen.

Es war für einen Moment so schön, als wäre der ewige Weihnachtswunsch nach Frieden wahr geworden. Als hätten die Kriegsreporter überhaupt nichts mehr zu berichten, sondern endlich ausreichend Zeit für ein Picknick.

Jackies **Truthahn**-Sandwiches

Ich bin in Kanada aufgewachsen, und wir haben uns immer auf Weihnachten und Thanksgiving gefreut, denn das hieß: Truthahn. Es gibt drei Gründe, um einen Truthahn zuzubereiten: für das Abendessen, um aus den Knochen Brühe herzustellen und vor allem wegen der Sandwiches, die man mit dem übrig gebliebenen Truthahn belegen kann. Eins sollten Sie immer im Hinterkopf haben: Ganz gleich welches Gemüse Sie mit dem Truthahn servieren, den Rest können Sie gut für Ihr Sandwich gebrauchen. Also bereiten Sie reichlich Gemüse zu.

Zutaten:

Scheiben von hellem und dunklem
    Truthahnfleisch
Geröstete Süßkartoffeln
Jede Menge Kartoffelbrei
Geröstete und zerstampfte Rüben
Füllung vom Truthahn
Junge Erbsen
Sauce vom Truthahn
Cranberries

Frieden

Zubereitung:

Erwärmen Sie in der größten Pfanne, die Sie haben, Kartoffeln, Rüben, Truthahn-Füllung, Erbsen und Sauce. Nehmen Sie einen großen Klacks davon und streichen Sie ihn auf eine Scheibe Toast. Legen Sie noch Truthahn-Scheiben darauf und die Cranberries. Schließlich noch eine weitere Scheibe Toastbrot obendrauf und fertig. Nehmen Sie sich eine Serviette, setzen Sie sich und genießen Sie dieses schwierig zu essende, aber fantastische Sandwich. Vielleicht schaffen Sie ja sogar noch ein zweites.

Zutat

Geschmack

Hillary Clinton entschied, dass er der Beste ist. Daraufhin verbrachte er elf Jahre im Keller. Immerhin: Es war der prominenteste Arbeitskeller des ganzen Landes. Walter Scheib kochte im Weißen Haus für die Präsidenten Bill Clinton und George W. Bush. Der Amerikaner mit dem deutschen Namen bereitete zu, was die Königin von England bei ihrem Staatsbesuch aß. Er ahnte, was die First Lady in einem schweren Moment wirklich brauchte. Aber er kochte eben auch in aller Herrgottsfrühe den Kaffee für den müden »Mächtigsten des Planeten«.

Dass Chelsea Clinton heute eine passable Köchin ist, hat sie Walter Scheib zu verdanken. Als die Tochter von Bill und Hillary Clinton im Weißen Haus heranwuchs, war Walter Scheib dort Chefkoch. »First Lady« Hillary bat Scheib, Chelsea doch bitte das Kochen beizubringen. Ihre Tochter war zu dem Zeitpunkt 17 Jahre alt, stand kurz vor ihrem Studium an der Elite-Universiät Stanford und sollte in die Lage versetzt werden, sich selbst etwas zu brutzeln. Auch aus Sicherheitsgründen. Damit sie zum Essen ihre Studentenbude nicht immer würde verlassen müssen – das fanden jedenfalls Mutter Hillary und der Secret Service. Jene breitschultrigen Männer, die ständig in ihre Anzugärmel sprechen und für den Schutz der »First Family« verantwortlich sind. Chelsea Clinton wurde also Kochschülerin von Walter Scheib. Unten in den Katakomben des Weißen Hauses. Dort, wo die Zentralküche ist. Sechs Wochen lang, fünf Stunden am Tag lernte Chelsea, das Messer zu führen, Gemüse zu schnippeln und geschmackvoll zuzubereiten. Fleisch und Fisch kamen der Veganerin nicht auf den Teller, genauso wenig wie Sahne, Butter und Eier. »Sie war richtig, richtig gut. Eine sehr helle junge Frau, die sich regelrecht in ihre neue Aufgabe gestürzt hat«, erinnert sich Walter Scheib lächelnd. »Chelsea Clinton ist die einzige Absolventin der Walter-Scheib-Kochschule im Weißen Haus«, fügt er augenzwinkernd hinzu. Obwohl sein Name deutsch klingt: Walter Scheib ist Amerikaner durch und durch. Er kann zwar deutsch essen, aber nicht sprechen. Zum Abschluss von Chelsea Clintons Expresslehre überreichte Scheib seiner 17-jährigen Auszubildenden ein Diplom und eine weiße Kochjacke, versehen mit der Aufschrift »First Daughter«.

Es ist Walter Scheib deutlich anzumerken, wie gerne er diese Geschichte erzählt. Und dass der 58-Jährige es überhaupt genießt, aus dem Gewürzkästchen des Weißen Hauses zu plaudern. Keine Indiskretionen über Zoff zwischen Hillary und ihrem Mann Bill aus der Monica-Lewinsky-Zeit, keine Geheimnisse über George W. Bush und dessen Vize Dick Cheney, kurz: keine schmutzige Wäsche. Dafür viele Episoden aus dem Alltag eines ganz und gar nicht alltäglichen Arbeitsplatzes an einer der berühmtesten Adressen der Welt: 1600 Pennsylvania Avenue in Washington D. C. Nach hinten, zum Garten raus gleich an der »National Mall« gelegen, der Prachtmeile zwischen Lincoln Memorial und Capitol. Über elf Jahre lang war Walter Scheib Küchenchef im Weißen Haus. »Die zweitlängste Zeit, die ein Chef jemals dort war«, erzählt er mit deutlich vernehmbarem Stolz. »Chef« – so werden in den USA Profiköche wie der heute 58-Jährige genannt. Sein Haar ist voll und dunkel. Seiner Figur nicht anzusehen, dass er den größten Teil seines Lebens mit Essen verbracht hat und immer noch verbringt. Die elf Jahre im Weißen Haus waren für ihn die aufregendste Zeit seines Lebens, aber wohl auch die anstrengendste. Er hat sowohl für die Clintons als auch für die Bushs gekocht. Nicht nur zu offiziellen Anlässen wie den großen Staatsdinner, den unzähligen Picknicks im Garten des Weißen Hauses, den vielen Weihnachtspartys. Nein, Walter Scheib war vor allem der persönliche Koch der »First Family«. So unterschiedlich Bill Clinton und George W. Bush in ihren politischen Einstellungen waren, so ähnlich waren sich die beiden in ihren kulinarischen Vorlieben. Beide keine großen Salatfreunde, aber zu jeder Tages- und Nachtzeit für einen Hamburger mit Pommes oder Spareribs zu haben. Es lag in Walter Scheibs Verantwortung, die Präsidenten und ihre Familien rund um die Uhr zu umsorgen. Die Folge: grausame Arbeitszeiten. Die Nacht von Küchenchef Scheib war in der Regel um drei Uhr zu Ende. Eine Stunde später war er im Weißen Haus, damit er Präsident Bush um fünf Uhr morgens seinen ersten Kaffee reichen konnte. Die Uhrzeiten auf seinen E-Mails zeigen, dass Scheib heute immer noch früh aufsteht. 5.21 Uhr ist auf einer seiner Antworten als Sendezeit zu lesen. »Um fünf bin ich eben hellwach«, sagt er achselzuckend. Wenn er an die langen Tage im Weißen Haus zurückdenkt, spricht Scheib ironisch von »flexiblen Arbeitszeiten«. »Man konnte sich immerhin aussuchen, welche 85 Stunden man in der Woche arbeiten wollte.« Eine Stunde vor dem Aufstehen der »Ersten Familie« der USA musste Scheib in seiner Küche stehen, eine Stunde nach ihrem Zubettgehen durfte auch er zurück zu seiner Familie ins benachbarte Virginia fahren. Die beiden kleinen Söhne und seine Frau sahen ihn während dieser elf Jahre wesentlich seltener als die Clintons oder die Bushs.

Essen hat in Walter Scheibs Leben schon seit jeher eine große Rolle gespielt. Das liegt an seiner Mutter und ihrer Vorliebe für die französische Küche, vor allem die provenzalische. Ungewöhnlich in den USA der 50er- und 60er-Jahre. »Das typische amerikanische Essen hat damals sehr, sehr fade geschmeckt«, erinnert sich Scheib. Üblicherweise gab es Huhn, Schwein oder Rind mit zerkochtem Gemüse und irgendwelchen Kartoffeln. Bei Scheibs zu Hause hingegen kamen für den US-Gaumen ungewöhnliche Gerichte auf den Tisch: ganzer Lachs, Zunge, sogar Kutteln. »Deine Mutter kocht immer so komische Sachen«, meinten seine Schulkameraden naserümpfend. Walter machte das nichts aus. »Letztendlich hatte ich nicht viele Freunde. Das Essen meiner Mutter war mir wichtiger als die Freundschaft meiner

Schulkameraden.« Ohne Freunde war der kleine Walter häufig allein und begann, in der heimischen Küche zu experimentieren. Nach einem erfolglosen Ausflug an die Uni durfte sich Walter schließlich seinen Traum erfüllen und kochen lernen. Am »Culinary Institute of America« im Örtchen Hyde-Park im US-Bundesstaat New York. Dem Harvard der Kochschulen oder »Die beste kulinarische Schule der Welt«, wie der französische Sternekoch Paul Bocuse einmal gesagt haben soll. »Damals, Mitte der 70er-Jahre, gab es so gut wie keine Vorbilder für einen Chefkoch. Keine Kochshows im Fernsehen, wenn man von der legendären Julia Child einmal absieht. Keine TV-Sender, bei denen sich alles nur ums Essen dreht wie heute in den USA beim »Food Network«, so Scheib.

Nach seiner Ausbildung arbeitete Walter Scheib in verschiedenen großen Hotels und schließlich im »The Greenbrier« in West Virginia, einer altehrwürdigen Luxus-Herberge aus dem Jahr 1778, direkt neben Schwefelquellen. Insgesamt 26 US-Präsidenten haben hier genächtigt. Der letzte: Dwight D. Eisenhower. Zur Hoch-Zeit des Kalten Krieges hat Eisenhower dort auf dem Gelände des »Greenbrier« unterirdisch einen riesigen Atombunker bauen lassen – für alle Mitglieder des US-Kongresses. Erst 1992 wurde öffentlich, dass dort in den sanften Hügeln von West Virginia direkt auf dem Gelände dieses feinen Hotels eine enorme Bunkeranlage versteckt war. Walter Scheib war damals überzeugt: »Im ›Greenbrier‹ Chefkoch zu sein, das ist der Karrieregipfel«. Bis er hörte, dass Hillary Clinton einen neuen Küchenchef für das Weiße Haus suchte. Von mehreren

Tausend Bewerbern – so erzählt es zumindest Walter Scheib – wurden zwanzig zum Bewerbungsgespräch eingeladen und schließlich zehn zum Vorkochen. Einer von ihnen Walter Scheib. Er erinnert sich noch, wie nervös er an dem Tag gewesen war. Aber als er sah, dass Hillary Clinton ihren Teller restlos leer gegessen hatte, entspannte er sich. Die First Lady wollte von ihm wissen, warum sie ihn anstellen solle. »Ich möchte die moderne amerikanische Küche ins Weiße Haus bringen«, antwortete Scheib. Außerdem hatte er sich schon eine Speisenfolge für das erste Staatsdinner der Clintons überlegt. Das hatte kein anderer Bewerber getan. Die First Lady war begeistert, und Walter Scheib wurde mit 39 Jahren Küchenchef im Weißen Haus. »Plötzlich kommst du als Chefkoch eines guten Restaurants mitten in der Pampa an den Ort, auf den das hellste und heißeste Scheinwerferlicht scheint«, so erinnert sich Scheib an den Einstieg in seinen neuen Job im Weißen Haus. Von einem Tag auf den anderen war er für die Öffentlichkeit interessant. Journalisten wollten ihn interviewen, Leute seine Bekanntschaft machen. Nach einer unangenehmen Erfahrung mit einer Zeitung entschied Scheib, nichts mehr zu sagen und in seiner Küche zu bleiben. »In der Sicherheit meines Kellers. Denn wirklich: Jeder beobachtet dich, wenn du im Weißen Haus arbeitest.« Der Secret Service nahm Walter Scheib zur Seite und warnte: »Versuch nicht, als derjenige in die Geschichtsbücher einzugehen, der den Präsidenten töten wollte. Denn das wirst du nicht schaffen.« Scheib hatte für diese deutliche Warnung Verständnis: »Du kommst dem Präsidenten sehr nahe. Du kochst ja schließlich für ihn.« Wenn man sich mit Walter Scheib unterhält, wird schnell klar, wie sehr er die Clintons mochte. Vor allem Hillary Clinton. Und das in einer Zeit damals in den 90er-Jahren, als die Frau von Bill Clinton vielen Amerikanern unsympathisch war. Zu wenig Landesmutter, zu sehr Neben-Präsidentin. Scheib hat Hillary Clinton vor allem als sehr fürsorgliche Mutter für Chelsea kennengelernt. Er erzählt, wie die First Lady in der Privatresidenz im 2. Stock des Weißen Hauses die Küche hat umbauen lassen. In eine heimelige Familienküche, in der sie morgens mit ihrer Tochter Cornflakes essen konnte. »Wissen Sie«, erklärt der Küchenchef, »ich komme aus einer sehr konservativen, republikanischen Familie. Aber nach sieben Jahren mit Hillary Clinton wäre ich für sie über glühende Kohlen gelaufen. Sie hat ihre Entscheidungen unabhängig vom Ansehen, der Parteizugehörigkeit oder des Geschlechts getroffen, einfach nur danach, ob etwas sinnvoll war oder nicht. Und sie hat nie jemanden fallen lassen.« In den sieben gemeinsamen Jahren mit den Clintons hat Walter Scheib die Familie gut kennengelernt. Das gesamte Personal im Weißen Haus hat einen Sensor für die Stimmung der First Familiy entwickelt. »Letztendlich musst du sie besser kennen als sie sich selbst. Du musst wissen, was sie denken, bevor sie es denken. Das ist deine Aufgabe«, sagt Scheib und erzählt von dem Tag, an dem Hillary Clinton im Esszimmer des Weißen Hauses saß und aussah, als habe ihr jemand die Luft abgelassen. In den Zeitungen war zu der Zeit viel über eine Praktikantin namens Monica Lewinsky zu lesen. Der Chefkoch überlegte fieberhaft, wie er die First Lady aufmuntern könnte. Unten im Keller neben der

Zentralküche aß das Personal gerade zu Mittag: Fajitas. Scheib schnappte sich die Fajitas, richtete sie schön an und setzte sie Hillary Clinton vor. Üblicherweise vermied sie solches Essen, aß mehr Salat und Gemüse, aber in diesem Augenblick waren die Fajitas mit saurer Sahne und reichlich Käse offensichtlich genau das Richtige für die angeschlagene First Lady. Jedenfalls rief Hillary später bei ihrem Küchenchef an und sagte: »Walter, das war verdammt gut.« Viel mehr verrät Walter Scheib nicht über die Zeit, die für das Ehepaar Clinton im Weißen Haus privat sicherlich die schwierigste war. »Es gibt Hunderte Geschichten, die ich nicht erzählen will und werde«, so Scheib, für den Diskretion zu seinem Job dazugehört wie die Kochmütze. Selbst als das FBI nach bestimmten Papieren der Clintons suchte und den Chefkoch zum Verhör vorlud, sagte er den Beamten: »Leute, ich werde euch nichts verraten. Ich arbeite für die First Family, und ich bin wie ein Möbelstück. Ich habe keine eigenen Gedanken, und ich schnüffele nicht rum.« Immer anwesend, aber mucksmäuschenstill, so beschreibt der Küchenchef seinen Job. Über eigene Eindrücke spricht Scheib allerdings durchaus. Zum Beispiel, wie gesellig Bill Cinton war. Wie er es liebte, sich mit Menschen zu unterhalten – und zwar so lange, bis niemand mehr da war. Bei Empfängen im Weißen Haus war der Präsident immer der Letzte im Saal. Clinton hat mit allen gesprochen – ob er sie nun kannte oder nicht. Bei George W. Bush war das anders. Der mochte keine Empfänge, vor allem nicht, wenn ihm die Gäste fremd waren. Dann hat Bush zugesehen, dass er schnell hoch in seine privaten Gemächer kam. Waren die Leute um ihn herum

George W. Bush jedoch vertraut, dann konnte auch er gesellig sein. »Und lustig, wirklich lustig mit großartigen Witzen – genauso wie Präsident Clinton«, erzählt Scheib, der von Bush häufig »Cookie« genannt wurde. Scheib hofft, dieser Spitzname stammt vom englischen Wort für Koch »cook« und nicht vom englischen Wort für Kekse »cookies«. Wenn der Küchenchef zwei Dinge in der öffentlichen Wahrnehmung ändern könnte, dann wäre es das Bild von Hillary Clinton und das von George W. Bush. Die ehemalige First Lady beschreibt Scheib als »sanft, liebevoll und voller Gefühl«. Aber wenn sie in der Öffentlichkeit auftrat, »dann hat sie ihre Rüstung angezogen und den Eindruck vermittelt: Ich bin der taffeste Kerl hier im Raum. Zurück im Weißen Haus war aber immer ihre erste Frage: Wo ist Chelsea?«. Am öffentlichen Bild von Hillary Clinton muss Scheib heute nicht mehr so viel herumpolieren. Seitdem sie Außenministerin ist und ihren Job gut macht, wird sie sogar von Republikanern geschätzt. Das Zurechtrücken des öffentlichen Bilds von George W. Bush ist da schon schwieriger. Den 43. Präsidenten der Vereinigten Staaten hat Walter Scheib als aufrichtig freundlichen, äußerst umgänglichen und unprätentiösen Menschen erlebt. »Auf der Bühne war er reserviert, etwas nervös und hat auch mal gestammelt, aber ich habe kein einziges Mal erlebt, dass George W. Bush privat gestottert hätte. Bush ist nicht die Karikatur, die viele von ihm gezeichnet haben, jemand, der der englischen Sprache nicht mächtig ist und der nie einen eigenen Gedanken hat.« Scheib beschreibt ihn als »ehrlich« und als jemanden, der davon überzeugt war, »das Richtige zu tun«. Wenn die amerikanische Öffentlichkeit die wahre Hillary Clinton und den wahren George W. Bush kennengelernt hätte, dann wäre Clinton heute Präsidentin und Bush würde mehr respektiert und bewundert, da ist sich Scheib sicher. Für Präsident Bush hat Walter Scheib während dessen erster Amtszeit im Weißen Haus gearbeitet. Von Januar 2001 bis 2005. Er hatte damals gar nicht damit gerechnet, dass die Bushs ihn, den Koch der Clintons, übernehmen würden, aber sie taten es. Selbst Amerikas berühmtester Fernsehköchin Julia Child war der neue Kochstil im Weißen Haus, die moderne amerikanische Küche von Walter Scheib, aufgefallen. In einem Brief vom 26. Oktober 1999 bedankte sie sich bei der damaligen First Lady Hillary Clinton ausdrücklich für das »delikate Essen«. Nicht ohne zu erwähnen, dass sie bereits seit der Präsidentschaft von Lyndon B. Johnson, also seit 1963, immer mal wieder im Weißen Haus zu Gast gewesen war – allerdings ohne sonderlich beeindruckt gewesen zu sein. Walter Scheib ist sehr stolz auf die Tatsache, dass er die moderne amerikanische Küche ins Weiße Haus gebracht hat. »Historisch« nennt er das sogar. Für ihn heißt diese Art zu kochen: regionale Einflüsse mit einer Prise exotischer Zutaten zu kombinieren. Wie das Rezept, das er sich für dieses Buch ausgesucht hat. Eine Suppe mit Thainote aber mit Süßkartoffeln aus dem Süden der USA. Diese Art zu kochen ist für ihn »wie Jazz«. Nach den Terroranschlägen vom 11. September 2001 schien Scheib diese Küche jedoch nicht mehr angebracht. Die Bushs hatten es zwar nicht angeordnet, aber der Chefkoch griff von sich aus auf traditionelle Gerichte – amerikanische Hausmannskost wie frittiertes Hähnchen und Salat oder ein einfaches Chili – zurück. Offensichtlich eine Art Reflex auf die dunklen Zeiten, die mit dem Einstürzen der beiden Türme in New York und dem Einschlag ins Pentagon angebrochen waren. Mit 9/11 war auch die Zeit der großen Staatsdinner und der bunten Weihnachtspartys im Weißen Haus vorbei – sie schienen einfach unpassend. »Es war immer noch eine große Ehre, für die First Family zu arbeiten«, erinnert sich Scheib, »aber professionell war es keine Herausforderung mehr.« Walter Scheib, der inzwischen auf die fünfzig zuging, fühlte sich damals ausgebrannt. Scherzhaft spricht er manchmal von seinen »elf Jahren im Gefängnis«, wenn er von der Zeit im Weißen Haus erzählt. »Du hast einfach kein Leben mehr, kein Familienleben, kein gesellschaftliches Leben, kein Leben außerhalb des Weißen Hauses.« Aber dennoch erwischte es Walter Scheib eiskalt, als First Lady Laura Bush ihrem Chefkoch nach der Wiederwahl ihres Mannes kündigte. »Einerseits ein Schock, aber andererseits auch eine riesige Erleichterung«, sagt der Küchenchef heute. Eben weil ihn die elf Jahre so ausgelaugt hatten. Nach einer Verschnaufpause entschied sich Walter Scheib, zunächst nicht mehr zu kochen, sondern ein Buch über seine Zeit im Weißen Haus zu schreiben. »The American Chef« heißt es. Darin sind neben Rezepten auch Geschichten über die Clintons und die Bushs zu finden. Scheib stellte schnell fest, wie interessiert viele Menschen an genau diesen Geschichten waren. »Die Republikaner können gar nicht genug von Bill Clinton hören und die Demokraten nicht genug von George W. Bush.« Und so ist er auf die Idee gekommen, damit Geld zu verdienen. Unternehmen, Organisationen und Hotels heuern heute Walter Scheib an – aber nicht als Koch, sondern als Geschichtenerzähler. Das Zubereiten der Rezepte aus dem Weißen Haus, das übernehmen andere Köche. Auf etwa fünfzig großen Veranstaltungen tritt Walter Scheib im Jahr auf. Mit seinen Geschichten und Gerichten aus dem Weißen Haus war er inzwischen in 48 der insgesamt fünfzig Bundesstaaten und in mehr als fünfzehn Ländern rund um die Welt. »Mit meiner kleinen Firma habe ich jetzt den tollsten Job, den ich mir vorstellen kann«, erzählt der 58-Jährige mit einem strahlenden

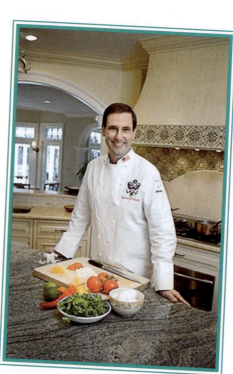

Lächeln, und es gibt keinen Grund, ihm das nicht zu glauben. Manchmal steht Walter Scheib noch selbst hinter dem Herd, aber natürlich längst nicht mehr so häufig wie früher. Auf die Frage nach seinem Lieblingsgericht antwortet er: »Mein Lieblingsgericht, das ist die Mahlzeit, die jemand für mich kocht. Denn für mich gibt es kein größeres Kompliment, als wenn jemand sich die Mühe macht, für mich zu kochen.«

Heilbutt mit Sesamkruste und Süßkartoffelsuppe mit rotem Curry

Für 6 Personen

Für den Heilbutt:

6 abgezogene Heilbuttfilets (ca. 100 g pro Filet)

Eine Seite der Filets mit etwas Wasabipaste bestreichen. Mit Salz, Pfeffer und 5-Gewürze-Mix würzen. Schließlich die Seite mit hellen und dunklen Sesamkörnern bedecken.
Filets scharf anbraten. Im Ofen warm halten.

Für die Suppe:

1 EL Pflanzenöl
2 EL fein gewürfelte Schalotten
2 EL geriebenen frischen Ingwer
2 EL fein gewürfelten Knoblauch
1 EL geriebenes Zitronengras
2 Kaffirblätter
1–2 EL rote Currypaste (Vorsicht, scharf! Erst einen EL nehmen und dann abschmecken)

ca. 300 g Püree von Süßkartoffeln
¾ l Gemüse- oder Hühnerbrühe
180 ml ungesüßte Kokosmilch
60 ml Limettensaft
50–100 g Honig (abhängig von der Süße der Kartoffeln)
Salz / Pfeffer

Geschmack

Für das Gemüse:

1 EL Sesamöl
2 EL geriebenen frischen Ingwer
2 EL gewürfelten Knoblauch
60 g gelben Kürbis in feinen Streifen
60 g Zucchini in feinen Streifen
60 g Karotten in feinen Streifen
3 Frühlingszwiebeln, sehr fein in streifen geschnitten

Zubereitung:

1.) Das Pflanzenöl bei mittlerer Temperatur erhitzen. Schalotten, Ingwer, Knoblauch, Zitronengras, Kaffirblätter und Currypaste hinzufügen. Etwa 2 bis 3 Minuten erhitzen, aber nicht richtig anbraten und braun werden lassen.

2.) Süßkartoffelpüree hinzufügen und 2 Minuten oder etwas länger erhitzen.

3.) Brühe und Kokosmilch hinzufügen und für 20 Minuten kochen.

4.) Mit einem Pürierstab pürieren. Etwas Brühe hinzufügen, wenn die Suppe noch nicht flüssig genug ist.

5.) Honig und Limettensaft hinzufügen. Beides soll eine feine Balance zwischen Schärfe und Süße der Suppe ergeben. Mit Salz und Pfeffer abschmecken. Warm halten.

6.) Für das Gemüse: bei mittlerer bis starker Hitze Knoblauch und Ingwer in Sesamöl anbraten. Das Gemüse hinzufügen und kurz anbraten. Mit Salz und Pfeffer abschmecken.

7.) Das Gemüse in der Mitte eines erwärmten Suppentellers arrangieren, obendrauf das Heilbuttfilet. Die Suppe um das Gemüse herum in den Teller füllen. Mit den fein geschnittenen Frühlingszwiebeln bestreuen. Mit Reisnudeln servieren.

Geschmack

Zutat

Nächstenliebe

Der Hügel mit dem strahlenden Capitol ist ganz nah. Aber im Leben der Bewohner Anacostias glänzt nichts. Dieser Stadtteil Washingtons ist trist, kriminell und perspektivlos. Seit mehr als drei Jahrzehnten kümmert sich **Hannah Hawkins** um die Kinder in ihrer Umgebung. Aus eigener Initiative, ohne staatliche Unterstützung. Allerdings fest gebunden an ein Versprechen, das sie dem Allerhöchsten nach dem Mord an ihrem Mann gegeben hat.

Hannah Hawkins ist vor allem eins: Sie ist nicht nett.

Warum sollte sie auch?

Gute Laune hat sie dem lieben Gott damals nicht versprochen. Die Abmachung zwischen den beiden war eine andere, und an die hält sich Hannah Hawkins.

1970 wurde ihr Mann erschossen. Was genau passiert ist, mag sie nicht erzählen. Sie war 27 Jahre alt, Mutter von fünf Kindern und arbeitete in der Schulverwaltung. Der Tod ihres Mannes haute sie um. Noch heute spricht

Hannah Hawkins davon, er sei ihr »weggenommen« worden. »Wenn du mir hilfst, aus dem Bett zu kommen, dann kümmere ich mich um Leute, denen es schlechter geht als mir«, mit diesem Angebot wandte sie sich an den Herrn.

Der schüttelte ihr nicht zur Bestätigung des Deals die Hand. Aber Hannah Hawkins kam aus dem Bett. Sie zog ihre eigenen Kinder groß. Und mehrere Tausend andere. Denn ihr ist klar, dass es vielen Kindern im Washingtoner Stadtteil Anacostia viel schlechter geht als ihr. Auf die Welt gekommen, um keine Zukunft zu haben.

Anfangs bereitete sie den Kindern von der Straße in ihrer Wohnung Essen zu. Ihre Nachbarin, ein Stockwerk tiefer, bot Bibelstunden an. Als zu viele Kinder kamen, wich Hannah Hawkins mit ihren Sandwiches auf den Parkplatz aus.

Heute steht ihr und den Kindern ein etwas verwittertes Einfamilienhaus zur Verfügung. Ein Hof, der nur durch die Malereien von Kindern an der Beschreibung ›trist‹ vorbeikommt. Drum herum ein Maschendrahtzaun, denn dieser Teil von Washington D. C. ist wirklich keine gute Gegend.

Das ist das »Children of Mine«-Zentrum. Innen besteht kein großer Unterschied zu einem deutschen Jugendzentrum in einer armen Stadt. Zusammengewürfeltes Mobiliar. Selbst gemalte Bilder, auf denen die Dimensionen beim besten Willen nicht stimmen. Aber der Präsident der Vereinigten Staaten ist zu erkennen.

Der Unterschied zu einem deutschen Jugendheim: Für das »Children of Mine«-Zentrum zahlt keine städtische Verwaltung, kein Verein und auch keine Kirche.

Wenn es um Kirche geht, verfinstert sich Hannah Hawkins' Gesicht, als wäre sie ein Gangster-Rapper. Nur böser.

Sie zischt über »diese sogenannten Christen« in ihrer Gemeinde. Die nichts spenden und schon gar nicht helfen. Dann hebt sie den Zeigefinger und fuchtelt, als würden Racheengel heutzutage ein lässiges Kopftuch und Freizeitklamotten tragen. Sie weiß schon, auf welche Frage sich die Brüder und Schwestern in der Gemeinde vor dem Jüngsten Gericht einzustellen haben: »Was hast du für den Geringsten deiner Brüder getan?«, zitiert sie biblisch. Zwischen ihr und Gott ist hingegen nicht viel Platz. Sie glaubt sogar, er habe sie besonders nah an sich herangeholt: »Ich bin gesegnet«, sagt sie. Ihr Segen ist, dass sie weiß, warum sie tut, was sie tut. Sie könnte längst über alle Berge sein. Oder mindestens über den Fluss. 300 Meter sind es bis zum Anacostia River. Ein Verliererfluss. Etwas mehr als dreizehn Kilometer lang. Brackige Brühe. Hannah Hawkins könnte mit dem Tretboot zu der Stelle fahren, wo der Anacostia River in seinen viel, viel glamouröseren Bruder mündet. Den Potomac, der von West Virginia bis zum Meer führt. Der Anacostia River ist aber nicht in allererster Linie kurz und hässlich. Der Fluss ist vor allem eine natürliche Grenze zwischen allem und nichts. Auf der gegenüberliegenden Uferseite liegen die zentralen Gebäude der Weltmacht USA. Von Hannah Hawkins' Kinderzentrum zum Weißen Haus berechnet der Routenplaner eine Autofahrzeit von zwölf Minuten. Auf dieser Seite des Flusses haben Stadtplaner in den 60er-Jahren eine Autobahn mitten durch ein Mittelklasse-Wohnviertel gebaut. Es blieb nur, wer bleiben musste. Und es kam nur, wer für seine hässlichen Pläne eine scheußliche Umgebung gut gebrauchen konnte. In den frühen 60er-Jahren waren 87 Prozent der Bewohner des Stadtteils Anacostia weiß. Heute sind 92 Prozent schwarz. Drogen, Schießereien, alltägliche Gewalt. Es gibt hier zu wenige Leute mit einem inneren Kompass wie Hannah Hawkins. Die ist in der Nähe aufgewachsen. Ländlich kam ihr das damals vor. Selbstverständlich war ihre Familie nicht reich.

»Aber arm oder reich spielt auch keine Rolle, wenn es um die Kinder geht«, sagt Hannah Hawkins, »bei Kindern geht es darum, ob die Eltern anwesend sind.«

Die Kinder in ihrem Zentrum machen Hausaufgaben. Erst danach gibt es das Abendessen. Sie werden gefragt, was sie erlebt haben. Und sie nehmen die Begeisterung über neue Erlebnisse bei »Misses Hawkins« mit nach Hause. Auch wenn sich dort niemand genug für sie interessiert, um eine Frage zu stellen.

Es gibt einen von den Kindern angelegten Garten. Einen Raum, in dem Nähmaschinen stehen. Alle möglichen Sportgeräte.

Hannah Hawkins ist keine Eine-Frau-Streicheleinheit für die vielen vernachlässigten Kleinen. Sie gluckt nicht, kann nicht allen Kindern Mutter oder Großmutter ersetzen. Aber anders als die Eltern steht sie verlässlich parat. Sie ist da. Sie ist anwesend. Morgens um fünf fährt sie zur ›Food bank‹, einer Einrichtung, die übrig gebliebene Lebensmittel für wohltätige Zwecke weitergibt. Dann kommt sie zurück und hofft, dass eine ihrer Helferinnen wirklich auftaucht. Nicht alle sind so zuverlässig wie die Ärztin, die seit sechzehn Jahren regelmäßig kommt, um die Kinder zu untersuchen.

Mittlerweile kommen Kinder zu ihr, deren Eltern schon von Hannah Hawkins verköstigt wurden.

Auch diese ehemaligen Schützlinge können nicht darauf vertrauen, dass »Misses Hawkins« doch ein so großes Herz hat. Sie wird stattdessen ganz schnell nicht nett.

»Wo warst du heute Morgen, als dein Kind ohne Unterwäsche zur Schule gegangen ist?«, fragt sie. Und gibt eine Tonprobe von der Schärfe, die sie in ihre Stimme legen kann.

Ob die Kinder in der Schule eintreffen und dort auch bleiben, wissen die Eltern oft nicht. Aber Hannah Hawkins ist im Bilde. Denn sie geht zu den Schulen und erkundigt sich nach denen, die an ihrem Essenstisch sitzen und ganz gewiss niemals die Ellbogen auf den Tisch stützen.

Sie weiß, dass sie meistens umsonst kämpft. Auch wenn die Kinder ein Lob von Misses Hawkins freut, spätestens als Teenager kickt irgendeine Droge eindrucksvoller. Supermärkte gibt es kaum noch in Anacostia. Der Handel mit verbotenen Substanzen läuft hingegen hervorragend.

Sie ist eine Frau aus einer ganz anderen Zeit. Daran hat Hannah Hawkins selbst keinen Zweifel. Das Abendessen in ihrer eigenen Familie war mehr als Nahrung. Es war ein tägliches Treffen. Sie hat ihre Eltern nie nackt gesehen, in den 50er-Jahren des vergangenen Jahrhunderts. Für viele Kinder in ihrer Einrichtung ist es dagegen selbstverständlich, dass sie die Mutter mit einem Mann beim Sex sehen. Dieser Mann ist meistens nicht der eigene Vater.

Würde es Hannah Hawkins darum gehen, als gütigste Omi der US-Hauptstadt zu gelten, müsste sie zu Samariterfloskeln greifen. Müsste mit rührungsfeuchten Augen erklären, wie sehr ihr jedes einzelne Kinderlächeln Lohn für ihre Arbeit ist. Stattdessen keift sie, dass sie morgens manchmal lieber länger liegen bleiben würde. Spricht aber auch von einem Mann, der für sie nur der Nathan ist. Auch der Nathan hat an ihrem Tisch gelernt, dass die Hand zum Mund geht und nicht umgekehrt.

Nathan Nennett-Fleming aß später in der Mensa in Berkeley. Mit einem Stipendium, einem starken Willen und noch mehr Disziplin konnte er Jurist werden. Arbeitet mittlerweile als Rechtsberater. Gar nicht weit weg. Manchmal besucht er Misses Hawkins.

Die hofft, dass eine ganz bestimmte Juristin zu Besuch kommt, die Verhältnisse wie in Anacostia aus ihrer Heimatstadt Chicago kennt. Wenn Michelle Obama das Zentrum von Hannah Hawkins besuchte, würden die Chancen steigen, dass sie die Spenden für eine Vergrößerung der Einrichtung zusammenbekommt.

Architekten haben ihr einen detaillierten Vorschlag gezeichnet. Hannah Hawkins möchte ihr »Children-of-Mine«-Zentrum genau so.

Obwohl hier in der Gegend niemand die deutschen Luxusautos fährt, die die Planer zur Illustration in der Skizze geparkt haben. Michelle Obama will kommen, da ist sich Hannah Hawkins sicher.

Aber auch wenn die First Lady wegbleibt, ändert das

nichts an Hannah Hawkins Vereinbarung mit dem Boss, der deutlich über dem Präsidenten steht. Sie muss nicht nett sein. Aber sie muss weitermachen.

Hannahs **Hühnchen** mit Brokkoli

Zutaten:

500 g Hühnchenbrust
500 g Brokkoli
250 ml Sahne
250 ml Hühnerbrühe
Petersilie
Pfeffer / Salz / Paprika

Zubereitung:

1.) Die Hühnchenbrust mit Salz, Pfeffer und Paprika würzen, etwas Brühe hinzugeben und im Ofen für etwa 35–40 Minuten bei mittlerer Hitze backen.
2.) Für die Sauce die Hühnerbrühe mit der Sahne verrühren, mit Pfeffer und Salz abschmecken und mit Petersilie bestreuen.
3.) Brokkoli mit Salz und Pfeffer würzen. Mit Öl in einer Pfanne anbraten und dann für circa 5 Minuten in etwas Wasser garen lassen.
4.) Dazu Vollkornreis reichen.

Nächstenliebe

Zutat

Pioniergeist

Laura Seward möchte unbedingt ins All.
Sie ist Doktorandin in Physik, liebt einen Raumfahrtingenieur und ist auch ansonsten bestens vorbereitet.
Leider startet von der traurigen Space Coast in Florida aus vorerst nichts.

Warum wir Amerikaner den Weltraum erforschen.

So sollte eine Unterrichtsstunde heißen, live aus dem All übertragen. Das war der Plan. Von ganz, ganz oben wollte die Lehrerin Christa McAuliffe berichten, warum sie in diesem Moment den Weltraum erforscht.

Im Juli 1985 war Christa McAuliffe ausgesucht worden. In ihrem Bewerbungsschreiben stand: »Als Frau war ich immer neidisch auf Männer, die am Raumfahrtprogramm teilnehmen konnten. Ich fand, dass Frauen tatsächlich ausgeschlossen wurden von einem der spannendsten Berufsfelder, die es gibt.«

Bis zum 28. Januar 1986 war im Leben der 37-jährigen Christa McAuliffe schon eine Menge passiert. Sie war seit sechzehn Jahren mit ihrem Jugendfreund verheiratet. Hatte zwei Kinder zur Welt gebracht. Sie wollte bessere Bedingungen für sich und die anderen, die in ihrem Traumberuf arbeiteten. Deswegen hatte sie sich zur Präsidentin der Lehrerinnengewerkschaft in ihrem Bundesstaat New Hampshire wählen lassen.

Mit dem Unterricht aus dem All wollte sie auch viel mehr erreichen, als in drolliger Schwerelosigkeit ein wenig rumzulehrern. Aus der öffentlichkeitswirksamen Entfernung würde ihr endlich mal jemand zuhören, wenn sie berichtete, wo es im US-Bildungssystem gehörig hapert.

»Lehrerin« ist kein angemessener Titel bei einer Raumfahrtmission. Deswegen wurde Christa McAuliffe als Nutzlastspezialistin der Mission STS-51-L geführt.

Am 28. Januar 1986 begann das wahrscheinlich größte Abenteuer der Christa McAuliffe um 11.38 Uhr Ortszeit in Cape Canaveral, Florida. Die Booster der Raumfähre wurden gezündet und verbrauchten zehn Tonnen Treibstoff pro Sekunde, um die Astronauten schnellstmöglich in Richtung Erdumlaufbahn zu schieben. Der Beschleunigungsdruck auf den Körper von Christa McAuliffe war mindestens doppelt so hoch wie bei einem anfahrenden Formel-1-Rennwagen.

Nach 73 Sekunden entschied sich, dass Christa McAuliffe nie wieder Unterricht geben würde. Einer oder mehrere Dichtungsringe der Feststoffraketen versagten. Flüssiger Sauerstoff und Wasserstoff traten aus, gerieten sofort in Brand. Die Raumfähre brach auseinander. Der Orbiter, in dem die Astronauten saßen, blieb unbeschädigt. Wahrscheinlich starben Christa McAuliffe und die anderen sechs Besatzungsmitglieder, als ihre Kapsel etwa drei Minuten nach dem Start ungebremst auf den Atlantik aufschlug.

Die Challenger-Katastrophe 1986 hat Laura Seward nicht mitbekommen. Sie war zu diesem Zeitpunkt noch keine drei Jahre der Schwerkraft der Erde ausgesetzt.

Heute hat sie kein größeres Ziel, als ebenfalls ins All aufbrechen zu dürfen. Sie sitzt im Restaurant »Fishlips«. Wenn sie sich ins Auto setzen würde, müsste sie einmal rechts und zweimal links abbiegen, dann weniger als fünf Minuten geradeaus fahren und noch einmal links blinken. Dann hätte sie das Gelände des Kennedy-Space-Centers mit der legendären Startrampe erreicht. Wo die Challenger mit Christa McAuliffe an Bord zu ihrer fatalen Reise abhob. Wo aber auch am 16. Juli 1969 die Saturn-V-Rakete gezündet wurde, die Apollo 11 ins All trug. Mit dem Astronauten Neil Armstrong, der auf dem Mond große Schritte für die Menschheit machte.

Da müssen ganz bald wieder Menschen hin, auf den Mond. Findet Laura. Die sollen da aber nicht nur eine Fahne in den Staub stecken, übermütig auf und ab hüpfen und die legendären Moon Boots liegen lassen. Sondern dort bleiben. Eine Kolonie aufbauen. Eine Basis einrichten. Für Reisen, die tiefer ins All führen. Auf Asteroiden oder zum Mars. Oder an andere Orte. Außerirdisch findet Laura jeden Ort bereisenswert.

Die bemannte Raumfahrt ist unglaublich teuer. Den Russen muss nichts mehr bewiesen werden, und die Teflon-Pfanne, die wir der Legende nach den Entwicklungen der Raumfahrt zu verdanken haben, gibt es ja nun längst. Warum also noch Menschen zum Mond schießen? Bei dieser Frage guckt Laura so genervt, als sei sie gefragt worden, ob der Pelikan, der vor der Terrasse des »Fishlips« über dem Wasser kreist, eigentlich gerne Fisch frisst.

»Weil es unsere Zukunft ist. Weil wir nur begrenzt Platz auf der Erde haben. Weil uns nur begrenzte Rohstoffe zur Verfügung stehen. Um dort zu leben, um dort Geld zu verdienen und weil wir es können: Deswegen müssen wir ins All.« Laura kennt die Diskussion und tackert die Argumente so schnell in den Raum, wie eine geübte Verkäuferin Ware etikettiert.

Mit *wir* meint sie auch und vor allem sich selbst.

Am liebsten würde sie sofort los. Sie ist erst 28 Jahre alt, aber seit Jahrzehnten mit der Vorbereitung beschäftigt.

Es begann mit einem Aufsatz in der ersten Klasse. Was sie auf dem Mond machen würde, schreibt sie für die Lehrerin in ihr Heft. Nach diesem Aufsatz lässt sie das Thema nicht mehr los. Ihre Eltern, beide Anwälte, sind begeistert, dass sich ihre Tochter an ihnen kein Vorbild nimmt. Wenn sie *Star Trek* gucken, darf Laura mitgucken. Sie nehmen sie mit zu einer *Star-Trek-Convention*. Sie bieten ihr an, sie in den Ferien beim Weltall-Jugendlager in Huntsville, Alabama, anzumelden. Laura will unbedingt und immer wieder. Die Jugendlichen simulieren dort Raummissionen. Wer sich im Kontrollzentrum, an der Rampe oder im imitierten Raumschiff am professionellsten verhält, wird vor der gesamten Gruppe ausgezeichnet. Laura möchte diese Auszeichnung auch dann noch bekommen, als sie an den Erwachsenenkursen in Huntsville teilnimmt.

In ihrem Jungmädchenzimmer schmachtet sie keine Posterpopstars an, die ein Hitparadenerfolg zum Glänzen bringt. Ihre Stars sind die echten Sterne. Überall Bilder des Weltraumteleskops Hubble. Wenn sie das Licht ausschaltet, dann fluoreszieren Sternenbilder an der Decke.

»Klar war ich ein Nerd«, sagt Laura, »aber deswegen hat mich an meiner Highschool keiner fertiggemacht. Nur wegen dem normalen Kram.« Also wegen Hautunreinheiten, Klamotten und anderen Äußerlichkeiten.

Im letzten Highschool-Jahr ist sich Laura sicher, was sie machen will. Physik und Mathe studieren, darin ist sie gut bis bestens. Was die Ingenieurswissenschaften für die Raumfahrt hergeben, das interessiert sie selbstverständlich ebenfalls. Ob sie es nicht lieber mit Kunstgeschichte probieren wolle, fragen sie vor allem ältere Frauen. Sie lässt sich diese Anregungen einfach den Buckel runterrutschen. Schließlich stehen ihre Eltern voll und ganz hinter ihr. Genau wie die Lehrer und Freunde. Und stur ist sie obendrein auch noch. An einem Tag in diesem letzten Highschool-Jahr erwartet sie schließlich die bestmögliche Unterstützung für den Weg, den sie nehmen will.

Die Astronautin Sally Ride kommt zu Besuch an die eher kleine Schule in einem Vorort von Philadelphia. Die erste Amerikanerin, die im All war. Für Laura wie der Besuch des US-Präsidenten. Nur noch wichtiger.

Leider interessiert sich die Raumfahrerin nicht für die vor Ambitionen brodelnde Schülerin. Sondern für die Reporter, die den hohen Besuch an der Schule protokollieren.

»Astronauten sind auch nur Menschen«, hat Laura aus der Begegnung gelernt. Mittlerweile hat sie dreißig Astronauten getroffen. Besitzt ein Foto mit Buzz Aldrin. Dem zweiten Mann auf dem Mond, der immer wieder mal behauptet hat, er habe Neil Armstrong den großen Satz mit Mann und Menschheit in den Mund gelegt. Das Foto mit dieser lebenden Weltall-Ikone entstand auf einer Party. Laura konnte nicht verhindern, dass sich eine sehr betrunkene Frau zwischen sie und Buzz Aldrin drängte.

Laura beschäftigt sich mit den Auswirkungen der Schwerkraft auf Gegenstände und Körper. Schreibt darüber ihre Doktorarbeit und hat das Glück, an ihrem Institut wenigstens einen schlecht bezahlten Job gefunden zu haben.

Wer sie im »Fishlips« sitzen sieht, könnte annehmen, es mit einer klassischen Florida-Frau zu tun zu haben. Sie ist so schlank, dass sie am Strand keine Problemzone an sich finden wird, die sie bedecken müsste. An den Füßen trägt sie Flipflops. Also das Schuhwerk, das in dieser Ecke des Sonnenstaats an den meisten Tagen des Jahres völlig ausreichend ist. Weil aufwendige Schuhe entfallen, die Eindruck machen könnten, hat sich Laura mit der farbenfrohen Gestaltung ihrer Fußnägel viel Mühe gegeben.

So mancher muss sich schon die Nägel anmalen, um an Floridas Space Coast irgendwie Lebensfreude zu demonstrieren. Denn der Küstenstreifen um Cape Canaveral ist heute so sexy wie eine Autobahnraststätte aus den 60ern, in der nur noch die Toiletten geöffnet sind.

Die Telefonvorwahl lautet immer noch »3-2-1«.

Gelegentlich wird noch ein Satellit ins All geschossen. Aber im »Fishlips« bleibt die Urkunde vom STS-118 aus dem Jahr 2007 das Letzte, das gerahmt an der Wand hängt. Mitnichten nur ein Bild von lächelnden Crewmitgliedern in den berühmten orangefarbenen Anzügen. Sondern eher ein Fahrzeugbrief. Vorausgesetzt, Fahrzeugbriefe würden von einem pompös veranlagten Behördenmitarbeiter gestaltet. Mit vielen eindrucksvollen Daten. Die schnellste erreichte Geschwindigkeit der Mission war Mach 25. Die zurückgelegten Meilen 5,3 Millionen. Die höchste Entfernung von der Erdoberfläche 216 Meilen ...

In absehbarer Zukunft werden an Floridas Space Coast keine Menschen mehr zu einer Reise in das immer noch Ungewisse starten. Für die Hotelbesitzer gibt es keinen Grund mehr, an ihren Häusern Schilder mit »Go, Atlantis, go« anzubringen. Oder mit dem Namen eines anderen Shuttles, dem der Start bevorsteht. Denn die Raumfähren stehen jetzt im Museum. Heute kommen nur noch Erdlinge ins »Fishlips«. Und von denen auch nur diejenigen, die es sich noch leisten können.

Lauras Freund gehört zu den Ingenieuren, die mit dem Ende des Shuttle-Programms ihren Job verloren haben. Seit Monaten schreibt er Bewerbungen. Bisher ohne Einladung zu irgendeinem Gespräch. Trösten kann ihn höchstens, dass er mit dieser Situation nicht allein ist.

Laura meint, es gäbe dennoch gute Gründe, optimistisch zu sein.

Physikerin, die sie ist, glaubt, hofft oder bangt die junge Frau nicht einfach. Sie kalkuliert Chancen. Raumfahrt lohnt sich, kann sich auszahlen. Die NASA spielt in ihren Überlegungen keine große Rolle mehr. Viel zu groß, viel zu unbeweglich. Eine lahme Riesenbürokratie, dick gefüttert von Politikern. Die haben noch dazu, wie Laura es ausdrückt, »dieses Nationalstolz-Ding am Laufen«. Speisen aber die Raumfahrt mit warmen Worten ab. Wie die Obama-Regierung. Die das Geld an anderer Stelle braucht.

Laura rechnet damit, dass sie irgendwann ins All fliegen wird. Wahrscheinlich im Auftrag eines der Privatunternehmen, die sich aus dem Geschäft mit der Raumfahrt Profit versprechen.

Sie möchte die Schwerelosigkeit nicht mehr nur für Zehntelsekunden auf der Erde simulieren müssen. Sie will stattdessen tagelang keinen festen Boden unter den Füßen spüren. Und das dickste Ding: Sie möchte Gott näher kommen.

Laura freut sich, wenn jemand Unverständnis für ihre Religiosität zeigt. Sobald jemand anmeldet, Wissenschaftlichkeit und Glauben stünden in absolutem Widerspruch zueinander, prickelt es für sie besonders aufregend. Sie ist vor einiger Zeit vom Protestantismus zum katholischen Glauben übergetreten. Nachdem sie zwei Monate eine Art Checkliste abgearbeitet hat. Ihre Zweifel und Schwierigkeiten mit dem Katholizismus hat sie untereinandergeschrieben und dann alles gelesen, was sie zu dem Thema in die Finger bekam.

Mittlerweile ist sie bibelkundig genug, um den Spinnern zu trotzen, die die Evolutionstheorie bestreiten, weil davon nichts in der Heiligen Schrift steht.

Ein Planet ohne Grenzen, ein Erdball für eine Menschheit, so haben Astronauten Laura den Blick von außen auf die Erde beschrieben. Eine Menschheit, die eigentlich zusammengehört, damit kann Laura etwas anfangen. Passt unbedingt in ihren Glauben, in dessen Zentrum nach Lauras Deutung die Liebe zum Menschen steht.

Für Laura ist es aber auch menschlich, dass am Horizont nicht einfach Schluss ist. Diejenigen, die da hingehen, wo bisher immer Schluss war, sind Pioniere. Nichts findet Laura aufregender.

Nach der bei der Challenger-Katastrophe getöteten Christa McAuliffe wurden mittlerweile ein Mondkrater, ein Asteroid, eine Grundschule und eine Hebebrücke an der Space Coast benannt.

Sie hatte damals an ihrer Schule in Concord, New Hampshire, einen Kurs eingeführt, der sich mit der Geschichte der Pionierinnen in den USA beschäftigte. Wahrscheinlich würden Christa McAuliffe der Mut und die Entschlossenheit Lauras also durchaus bekannt vorkommen. Aus der Geschichte der Vereinigten Staaten. Und aus ihrem eigenen Empfinden. Selbst wenn ihre Pioniertat nur 73 Sekunden dauern durfte.

164

Pizzelle – Italienische Eiserkuchen

(Lauras Vorfahren stammen aus Italien)

Zutaten:

- 170 g Zucker
- 125 g Butter
- 3 Eier
- 2 EL Vanilleextrakt
- 180 g Mehl
- 2 EL Backpulver
- 2 EL Anis

Dafür braucht man einen speziellen Hörnchenautomat oder ein Eiserkucheneisen. Ein normales Waffeleisen funktioniert nicht.

Zubereitung:

Die Eier schlagen. Dann die restlichen Zutaten in eine Schüssel geben und verrühren. Wenn der Teig zu flüssig ist, noch etwas Mehl hinzufügen. Das Eiserkucheneisen vorheizen und einfetten. Etwa einen EL Teig in die Mitte des Kucheneisens geben, das Eisen schließen und für etwa 30 Sekunden backen. Die Pizzelle sollen goldbraun sein. Die Pizzelle vorsichtig entfernen und abkühlen lassen.

Pioniergeist

Zutat

Fingerfertigkeit

Rudi ist einer der vielen Amerikaner, die nicht in den USA geboren wurden, sondern irgendwann zu Besuch kamen. Und hängen blieben. Er hat weltberühmte Köpfe frisiert. Macht aber auch jedem gerne die Haare, der nicht regelmäßig Autogramme geben muss. So lange es kein miesepetriger Deutscher ist.

Und jetzt? Warum fragt sie denn nicht, wie viel Geld ich bekomme?

»Was schulde ich Ihnen?« Auf diese Frage wartet Rudolf Genewsky. Jackie Kennedy, oder Jackie Onassis, soll diese Frage stellen, denn die hat er soeben frisiert. Schneiden, Färben, das ganze Programm.

Er ist mit einem Fahrer vom Flughafen abgeholt und nach Manhattan gefahren worden. Irgendwo in die Fifth Avenue. Wo richtig reiche Leute wohnen, die sich niemals den Fahrstuhl mit anderen Leuten teilen müssen, weil sie ihren eigenen haben.

Mitte der 80er-Jahre besuchte Rudi die berühmte

Doppelwitwe. Er war damals noch so unsicher, dass er sich bei der Anrede verhedderte. Misses Kennedy, oder, ups, Misses Onassis?

Er dürfe sie »Miss Jackie« nennen, bot sie ihm an.

Die Nachnamen spielten ohnehin keine große Rolle mehr. Denn für den US-Präsidenten, an dessen Seite sie berühmt geworden war, brannte damals schon seit mehr als zwei Jahrzehnten ein ewiges Licht auf dem Heldenfriedhof in Arlington. Ihr zweiter Ehemann, der griechische Superreeder Aristoteles Onassis, war 1975 gestorben. Aus seinem immensen Vermögen hatte sie einen Pflichtteil von 27 Millionen US-Dollar ausbezahlt bekommen.

Diese Dinge wollte sie aber nicht mit Rudi Genewsky, dem deutschen Friseur aus Washington D.C., besprechen. Stattdessen befragte sie ihn. Ein regelrechtes Interview muss das gewesen sein. Er ist heute noch verblüfft, was sie nicht alles von ihm wissen wollte. Ausgefuchste Taktik vermutet Rudi dahinter. Solange sie fragte und er antwortete, konnte er sie nicht löchern.

Wahrscheinlich kannte Miss Jackie das Hasenbergl in München nicht. Da kommt Rudi aber nun mal her. Aus einem So-gar-nicht-Boris-Becker-Stadtteil. Friseurlehre in München, immer wieder andere Läden, weil der Rudi zwar weiches Haar hat, das jedoch aus einem Schädel aus Bockigkeitsgranit wächst.

Teenager in den späten 70er-Jahren. Die Tage gehörten dem Haareschneiden, die Nächte dem Rudi. Da es nachts oft später wurde, war er sicher, die Meisterprüfung nicht zu schaffen. Hat aber geklappt. Ein bisschen weite Welt wäre schön, dachte sich Rudi daraufhin. Nahm das Angebot eines Friseurs aus Dallas, Texas, an. Für drei Jahre sollte Rudi den dortigen Salon mit europäischer Noblesse schimmern lassen. Nie und nimmer bleibe ich drei Jahre, beschloss Rudi heimlich. Aber Hauptsache, erst einmal Amerika.

Was ihm in Dallas fehlte, bemerkte Rudi, als er seine Cousine in Washington D.C. besuchte. Das Grün, die Jahreszeiten. Die Tatsache, dass zwar ein Ozean, aber nicht noch ein ganzer Kontinent zwischen ihm und Europa liegt.

Mittlerweile lebt Rudi mehr Jahre in den USA, als er in Deutschland verbracht hat.

So lange schleudert er seine drei Sprachen nun schon in der Kauderwelsch-Trommel. Wenn er ins Erzählen gerät, leitet er gern mit ›Lange Geschichte kurz‹ ein. ›Long story short‹ sagt der Amerikaner und meint: ›um es kurz zu machen‹. Manchmal schwingt sich Rudi zu der Behauptung auf, er würde ›Vierundzwanzig-sieben‹ arbeiten. Krass übertrieben und für jeden Deutschen unverständlich. Denn nur der Amerikaner sagt ›Twentyfour-seven‹, wenn er rund um die Uhr meint. Er kann in der Sprache seiner neuen Heimat jede Kurve fliegen, aber der Deutsche fliegt immer mit. Im Deutschen ›rinst‹ er die Haare aus, statt sie auszuwaschen. Aber das bayrische Idiom, das steht sicher wie zwei feste Haferl-Schuhe. Auch auf dem überseeischen Terrain. »Verstehst«, »weißt scho« und »wegen derer Frau«, perlt es aus Rudi, wenn eine Geschichte sich seinem Herzen nähert.

Er strahlt, wenn er von seinem Internetradio erzählt.

Endlich Bayern 3. In Momenten des Übermuts ruft er seinen Bruder in München an und rät ihm, er möge sich vor dem Mittleren Ring hüten.

Rudi selbst fährt doppelt-deutsch zur Arbeit. Das Auto ist ein Mercedes, und neben dem Nummernschild haftet der handflächengroße Schwarz-Rot-Gold-Aufkleber. Jede Fahrt zur Arbeit ist eine Zeitreise. Aus seinem modernen Apartment über den Fluss durch das Regierungsviertel Washingtons in das wohl mächtigste Dorf der Welt: Georgetown.

Verwinkelt und verwunschen. Viktorianische Villen, in denen man immer Mädchen erwartet, die zu den großen, alten Fenstern herausträumen, statt weiter Klavier zu üben.

In einer dieser Villen hat die Washington-Post-Herausgeberin Katherine Graham Abendgesellschaften gegeben, die auch ehemalige US-Präsidenten besser nicht schwänzten.

Von der Auffahrt, wo die Karossen über den Kies rollten, um Henry Kissinger, Lyndon B. Johnson oder Ronald und Nancy Reagan abzusetzen, sind es zu Fuß vier Minuten den Hügel hinunter bis zu Rudi. Er hat im Salon »Village Hair Design« einen Stuhl gemietet.

Zu der Zeit, in der dieser Friseursalon stehen geblieben ist, redete allerdings noch niemand von Design. Wer auf seinen Haarschnitt wartet, rechnet viel mehr damit, dass gleich jemand zur Tür hereinkommt und über den knackjungen Sänger schwärmt, der tief aus dem Süden stammt und Elvis Presley heißt.

Auch die Trockenhauben stammen noch aus Tagen, in denen der deutsche Schauspieler Wolfgang Völz auf der

Raumpatrouille Orion Kommandos mit dem umgebauten Bügeleisen herbeitelefonierte.

Rudi ist das gleichgültig oder wörtlich: »grad wurscht«.

Wohlig haben sie es alle miteinander. Sein Kollege James kann den Rücken nicht mehr gerade machen, weil ihn das Gewicht von mehr als sieben Lebensjahrzehnten beugt. Aber seine Kundinnen haben sich eben auch schon sexy Schuhe angezogen, als noch kein Mensch den Fuß auf den Mond gesetzt hat.

Rudi besucht James selbstverständlich und oft, wenn der wieder mal im Krankenhaus liegt. Im Laden hingegen lümmelt er den deutlich älteren Friseur ansonsten bei jeder sich bietenden Gelegenheit an. Selbst wenn es um ernste Themen geht.

Beim Thema Schweinebraten verfinstert sich Rudis Miene augenblicklich. Nein, nein, so gerne er die Vereinigten Staaten möge, um einen vernünftigen Schweinebraten zuzubereiten, fehle es in diesem Land an der nötigen Ernsthaftigkeit. Selbst ein Hackbraten sei doch schon zu viel verlangt. Von »Meat Loaf« würde er sich heute nicht mehr auf den kulinarischen Holzweg führen lassen. Damit sei mitnichten gemeint, was in Deutschland unter einem würdigen Hackbraten verstanden wird. Seit ihm vor Jahren in Kalifornien eine Scheibe durchgebratenen Hacks in einer pseudo-modernen grünen Pampe serviert wurde, vertraut Rudi bei Rezepten aus der alten Heimat nur noch seinem eigenen Herd.

Besucht er seine Brüder in Bayern, muss jeden Tag mindestens eine Leberkässemmel her. Für Rudi gibt es »kein schöneres Glück« als diesen Geschmack der Heimat.

Im Kontakt mit seinen früheren Landsleuten wird ihm dann aber auch immer schnell klar, warum er jedes andere Glück besser weiterhin außerhalb Deutschlands sucht. Das Barsche, das Schubsen, das Maulen, Rudi kennt viele Gründe, um dem guten Schweinebraten wieder davonzufliegen.

In das Land, in dem er die junge Maria Shriver frisierte. Nach Georgetown, wo sich morgens um fünf Männer rasch den Haarkranz richten lassen, ehe sie auf dem Capitol Hill ein weltmächtiges Gesicht machen müssen. Nach Washington D. C., wo er gar nicht unbedingt auch Michelle Obama die Haare machen will. »Die Kunden sollen doch wegen mir kommen, nicht wegen einer famous Frisur«, grinst Rudi über sein vorgetäuschtes Desinteresse, obwohl er zu gerne wüsste, wie denn wohl im Weißen Haus die Gästetoilette gefliest ist.

Würde er wahrscheinlich sogar für sich behalten, diese Information.

Jackie Kennedy hat ihn niemals gefragt, wie viel Geld er haben will. Stattdessen gab sie ihm einen zugeklebten Umschlag. Den Rudi sich nicht zu öffnen traute, als er im Fahrstuhl nach unten fuhr. Die Überwachungskameras sollten ihn nicht bei Gier, auch nicht bei Neugier, ertappen. Am Flughafen wartete er dann, bis Miss Jackies Fahrer wirklich nicht mehr in Sichtweite war.

Und wie viel Geld war drin, Rudi?

Rudi nennt keine Summe, sondern sagt nur: »Mehr, als ich hätte verlangen können.«

Rudis Schweinebraten, der aber in seiner bayrischen Heimat selbstverständlich »Schweinsbraten« heißen muss

Für einen Schweinebraten ist eine schöne Schweineschulter beinahe schon die wichtigste Zutat.

Fett stört nicht, sondern muss sein. Damit der Braten schön saftig wird.

Eine klein geschnittene Zwiebel und drei Knoblauchzehen anbräunen. Durchaus bis sie leicht angebrannt sind. Das garantiert eine schöne dunkelbraune Sauce.

Die Schulter mit etwas Salz und Pfeffer würzen. Mit zerstoßenem Kümmel und vor allem Knoblauch einreiben.

In einer Pfanne oder einer feuerfesten Form in den Ofen geben. Bei etwa 180 Grad langsam braten lassen. Alle zwanzig Minuten den Braten mit dunklem Bier übergießen. Je nach Größe des Bratens können das über eine Bratdauer von zwei bis zweieinhalb Stunden durchaus zwei Flaschen Bier werden.

Als Beilage mag ich Knödel, oder auch Kartoffelsalat.

Blaukraut, oder auch Sauerkraut, darf unter keinen Umständen fehlen.

Fingerfertigkeit

Zutat

Gastfreundschaft

Er hatte eigentlich mit seinen Geschäften genug zu tun. Oder mit seinen drei eigenen Kindern. Aber **Lawrence L. Pearce** und seine Frau Ginger haben in den 80er-Jahren entschieden, eine Gastschülerin aus Deutschland aufzunehmen. Die Autorin dieses Buches hat ab 1986 ein Jahr bei der Pearce-Familie in New Jersey gelebt. Und der Autor dieses Buches schrieb ihr damals Briefe. An die Adresse eines Unbekannten.

Dieser Mann ist also der Geiselnehmer.

Er hat sie mir weggenommen.

Ich muss seinen Namen auf den hauchdünnen Luftpost-Briefumschlag schreiben, wenn ich sie erreichen möchte.

Immer wieder schreibe ich ›Lawrence L. Pearce‹ und darunter die Adresse eines Ortes in New Jersey, den ich nicht kenne. Wobei ich auch vom Bundesstaat New Jersey keine Vorstellung habe. Wenn man aus New York unten rausfährt, dann kommt man nach New Jersey.

Sagt mir der Atlas. Mehr nicht. Wobei ich mir kaum vorstellen kann, wie ich es hinkriegen sollte, aus New York ›rauszufahren‹. Denn ich habe eben erst mit Hängen und Würgen meine Fahrprüfung bestanden. Bereits überfordert vom Straßenverkehr in Castrop-Rauxel.

Es ist das Jahr 1986. In diesem Castrop-Rauxel geht ein Mädchen zur Tanzschule, mit dem ich zu diesem Zeitpunkt noch kein einziges Mal getanzt habe. Denn ich lehne Tanzschulen ab. Mir fehlt schlicht die Zeit für solche läppischen Vergnügen. Statt zu Popmusik herumzuhüpfen, arbeite ich mit Gleichgesinnten an der Weltrettung. Uns schwebt ein ökosozialistisches Regime vor. Der sterbende Wald, die nukleare Bedrohung und die allgemeine Ungerechtigkeit lassen nichts anderes zu. An Marktsamstagen stehe ich für meine Partei, die Grünen, am Infostand. Den Begriff »Sozialismus« lasse ich dann lieber unter den Tapeziertisch fallen, auf dem wir unsere unattraktiv gemachten Broschüren ausbreiten. Denn im Dortmunder Westen verbinden die meisten Samstagseinkäufer mit »sozialistisch« nichts Gutes. Sozialismus ist ›drüben‹ und nach ›drüben‹ fährt man mit einem Zug, in den an der innerdeutschen Grenze sehr unsympathische Soldaten einsteigen.

Die Tanzschülerin ist meine Freundin Anna. Sie geht nicht mit mir. Was auch damit zu tun haben kann, dass ich an zu vielen Abenden rechthaberisch hochfahre und mit grimmigem Ernst verkünde, wie die Dinge zu sehen sind. Aber sie ist meine Freundin, weil wir so gut Zeit miteinander verbringen können. Anna gefährdet meine politische Mission. Denn sie löst bei mir das trügerische Wohlgefühl aus, die Lage könne gar nicht so ernst sein, wie ich mich nehme. Sie nimmt die Last der Welt auf zwei leichte Schultern. Freut sich sichtlich an Sachen, die mich verkrampfen lassen. Wie eben am Tanzen. Sie mag Bands, geht zu Konzerten. Sagt, dass sie Wodka-O trinkt. Was ich zunächst überhaupt nicht verstehe. Lasse ich mir aber nicht anmerken. Bis sie irgendwann von selbst erklärt, es würde sich um Wodka mit Orangensaft handeln.

Am 10. August 1986 begibt sie sich freiwillig in die Geiselhaft dieses unbekannten Mannes.

An diesem Tag, meinem 18. Geburtstag, steigen wir mit ihrer Schwester und ihrer Mutter in einen erdbeerroten Nissan und fahren nach Frankfurt/Main. Anna wird dort andere Schüler treffen, die auch nach Amerika aufbrechen. Wahnsinnig weit weg. Für einen unvorstellbar langen Zeitraum, nämlich für ein ganzes Jahr.

Bis zum letzten Moment hoffe ich, dass sie zur Vernunft kommt. Sie muss doch einsehen, was für eine Zeitverschwendung ein so langer Aufenthalt in den Vereinigten Staaten ist. Alles, was sie nicht über die USA weiß, kann ich ihr doch erklären. Was für eine Gefahr für den Weltfrieden dieser kriegstreiberische Präsident Reagan ist. Wie sehr gerade diese Amerikaner doch an allem schuld sind. Die Vergötzung des Konsums. Unsinnige Moden wie Breakdance. Schlimm große Autos, Unterdrückung in Lateinamerika, CIA-Machenschaften in aller Welt.

Aber am allerschlimmsten: Wie sollte sie denn nicht einsam sein, wenn ich, ihr Freund, nicht da bin? Durch wen wollte sie mich denn ersetzen, etwa durch einen Amerikaner?

Anna hat sich ins Flugzeug gesetzt und ist in einer unerreichbaren Ferne ausgestiegen. Andere Flugzeuge haben die Säcke über den Atlantik transportiert, in denen immer wieder ein Luftpostbrief steckte, auf den ich den Namen ›Lawrence L. Pearce‹ geschrieben hatte.

Und sie schrieb zurück. Am Anfang sehr oft. Dann seltener. Irgendwann in englischer Sprache. Ich solle ihr Dias schicken, wünschte sie sich irgendwann. Sie wollte ihren Gasteltern und ihren Gastgeschwistern zeigen, wie es bei uns aussieht. Außerdem hätte sie ihrem Gastvater erzählt, dass ich ein Grüner bin. Darunter könnte er sich allerdings nicht viel vorstellen. Vor allem nichts Gutes, schrieb Anna. Na klar, diese Amis, schüttelte ich den Kopf. Die müssten echt noch viel lernen.

23 Jahre später bin ich sehr aufgeregt. Wegen Lawrence L. Pearce. Der heißt in Annas Erzählungen schon lange nur noch ›Larry‹.

Mittlerweile habe ich ihn auf Fotos gesehen. Sympathisch sieht er aus. Jetzt sollen wir uns zum ersten Mal treffen. Er würde sich freuen, Joerg endlich kennenzulernen, hat er Anna in einer Mail versichert.

Amerikaner freuen sich aber ständig. Dabei freuen sie sich gar nicht wirklich, raunt mir der missmutige Germane zu, der auf ewig unkündbar in mir wohnt.

Ich weiß so einiges über ihn. Er ist mächtig stolz auf seine drei Kinder. Den coolen Lars, der ganz im Westen in den Bergen lebt. Die amüsante Lindsay, die gerne aus Raleigh, North Carolina, wegziehen würde. Weil es dort, deutsch ausgedrückt, so aufregend wie in Hannover sein muss. Und Anne, Larrys jüngste Tochter. Die schöne Anne. Einst Covergirl auf einem Yoga-Magazin. Auf deren Hochzeit Larry Clint Eastwood kennenlernen durfte. Denn Annes Ehemann ist der Leibarzt der amerikanischen A-Prominenz. Larry wohnt schon lange nicht mehr dort, wo er vor mehr als zwei Jahrzehnten meine Briefe aus dem Postkasten holte. Sondern grob geschätzt 3000 Kilometer südlich. In Fort Myers Beach, Florida. Viel wichtiger: Vorne in Annas Kalender klebt das Foto einer Frau. Ginger Pearce. Larrys Ehefrau für fast vierzig Jahre. Sie starb, kurz bevor Anna ihre Zeit als Korrespondentin in den USA begann.

Eine lässige Frau, sagt Anna. Souveräne Chefin der Familie. Ein Eisbrecher, wenn Begegnungen verfrosteten. Lebensfroh und lebensklug. An ihrer Seite konnte Larry einfach Larry sein. Wenn meine Fragen über ihn zu nerven begannen, hat Anna immer wieder geantwortet: Larry ist halt Larry.

Fand ich schnöde und beim besten Willen keine befriedigende Erklärung. Aber bereits im ersten Moment unserer Begegnung räumte er mir das gleiche Privileg ein: Einfach Jörg sein.

Klar, du bist dieser Mann, von dem Anna immer erzählt hat. Weil du zu Anna gehörst, gehörst du jetzt auch zu uns. Sagt er nicht. Macht er aber klar. Ich solle zum Auto gehen und ihm folgen. Er werde den Golfwagen nehmen. Hatte Anna nicht gesagt, Larry sei konservativ? Wieso trägt der dann Bermudas, Sandalen und die Haare auf eine Weise schulterlang, als hätte er sich vor unserer Verabredung für das Essen hungrig gekifft? Oder als hätte sich seine Bräune beim Surfen so massiv vertieft?

Larry ist konservativ. Überzeugter Republikaner. Dabei ist ihm völlig gleichgültig, ob Schwule heiraten oder in der Armee dienen. Seine besten Freunde sind schwul. Warum politische Akteure anderen Amerikanern in ihr Privatleben reinquatschen wollen, kann er höchstens akademisch nachvollziehen. Verstehen tut er es nicht. Aber würde Larry in einer deutschen Talkshow über Wirtschaft sprechen, könnten die Kameras an einem entgeisterten Studiopublikum entlangfahren. Der Staat möge sich aus allem raushalten. Wer verdient, der ist verpflichtet, davon abzugeben. Wer sein Geld beim Staat verdient, steht bei Larry allerdings unter Faulenzerverdacht. In Diskussionen über wirtschaftliche Angelegenheiten wirft er sich mit Leidenschaft. Wenn er ein Thema aus der Welt der Ökonomie auf den Tisch bringt, dann ist das wie die Einladung des Hais an die Robbe, doch ein paar Züge mit ihm zu schwimmen.

Denn der Mann hat seinen Master in Wirtschaftswissenschaften an der Universität von Chicago gemacht. Mit neun begann er bereits Geld zu verdienen. Damals als Zeitungsbote. Mit 29 schon als Vizepräsident einer großen Stahlfirma in Chicago.

Mit zwei Partnern stieg er vor mehr als dreißig Jahren in das Immobiliengeschäft ein.

Er hat nichts geerbt und schon gar nichts geschenkt bekommen. Das tutet er nicht triumphal aus. Sondern ist lediglich überzeugt, dass er vor allem das gemacht hat, was in den USA nun mal möglich ist.

Wenn Larry »hard work« sagt, rollt das »R« so breit und selbstbewusst wie ein achtzylindriger Cadillac. Wer hart arbeitet und an seine Chance glaubt, der kann das, was er erlebt, auch ›amerikanischen Traum‹ nennen. Larry Pearce bedeuten die wuchtigen Begriffe nicht so wahnsinnig viel. Er mag lieber Zahlen. Die Steuerquoten aller relevanten Bundesstaaten hat er im Kopf. Für den Fall, dass ihm jemand dumm kommt und ihn davon überzeugen will, ein bemutternder starker Staat nach kontinentaleuropäischem Vorbild würde seinen Bürgern guttun.

Dann beschwört er herauf, wie die Bewohner des Pleiteparadieses Kalifornien unter ihren Abgaben ächzen.

Larry kennt aber auch andere Ziffern. Die Nummern der Autobahnen, auf denen er mit seiner neuen Ehefrau Joan unablässig unterwegs ist, um die Kinder und Enkelkinder zu besuchen. Wie viele Meilen es sind, wenn er auf dem Weg in die alljährliche Sommerfrische Neuenglands den Moloch New York City umfahren muss. Larry kennt auch die Daten, mit denen die Ärzte den Fortgang seiner schweren Krankheit messen. Seine Klagen darüber sind ebenfalls zählbar: Die Summe ist null.

Was-wäre-wenn-Szenarien gefallen ihm. Bei Immobilienprojekten musste er ständig spekulieren, was wohl geschähe, wenn der Bauherr pleiteginge. Wenn das neue Apartment-Haus in einer Gegend stünde, in die dann doch keiner mehr ziehen wolle. Die bedächtige Risiko-Abschätzung hat ihn vor der Finanzkrise in Sicherheit gebracht.

Was wäre, wenn ein gewisser Lawrence L. Pearce nicht am Heiligen Abend des Kriegsjahres 1943 zur Welt gekommen wäre? Sondern zehn Jahre später? Diese Frage begeistert ihn. Denn dann wäre es möglich gewesen, dass er mit den anderen die Tür zu einer neuen Welt aufgestoßen hätte. Die Tür zum digitalen Zeitalter. Irgendwo in der Nähe von Leuten wie dem Apple-Gründer Steve Jobs oder dem Microsoft-Mastermind Bill Gates.

Weil ich einfach der Jörg bin und wie seine Gasttochter dazugehöre, hält er sich bei unseren Treffen nicht lange mit Begrüßungsgeplänkel auf. Sondern zeigt mir viel lieber eine neue technische Kleinigkeit, in die er sich beharrlich eingefuchst hat.

Seit er den E-Reader hat, müsse er keine Bücher mehr rumschleppen, freut sich der Vielleser. Mit Tochter Anne kann er mit dem Handy skypen. Und überall sofort herausfinden, wie noch mal dieses Tier heißt, mit dem sein Sohn Lars da oben in den Bergen gelegentlich

zu tun hat. Wer ihn reizen will, kann dann fragen, welches seiner Kinder eigentlich Barack Obama auf Twitter folgt.

Die dunkle Wolke zieht aber schnell vorüber. Was wäre, wenn eins seiner Kinder schlimmer vom Weg abgekommen wäre, als nur den falschen Präsidenten zu unterstützen? Eben.

Sofort lächelt er wieder. Der warmherzigste Geiselnehmer, den ich kenne.

Schollenfilets mit Zitrone und Kapern

Zutaten:

4 Schollenfilets
Salz
frisch gemahlener schwarzer Pfeffer
2 geschlagene Eier
60 g Mehl
3 EL Olivenöl oder 3 EL Butter
70 ml Zitronensaft
2 EL Kapern
¼ EL frisch gemahlenen schwarzen Pfeffer
2 EL frisch gehackte Petersilie

Zubereitung:

1.) Die Filets mit Wasser abspülen und trocken tupfen. Leicht mit Salz und Pfeffer würzen.

2.) Die Filets in Mehl wenden, danach in den geschlagenen Eiern. Schließlich noch einmal in Mehl wenden.

3.) Das Öl in einer Pfanne erhitzen. Die Schollenfilets von beiden Seiten für jeweils drei Minuten anbraten. Auf einem Teller warm halten.

4.) Das restliche Öl aus der Pfanne entfernen. Die Hitze wieder hochdrehen, den Zitronensaft und die Kapern darin erhitzen.

Gastfreundschaft

5.) Pfanne von der Flamme nehmen, Salz und Pfeffer hinzufügen. Die Sauce über die Filets geben und servieren.

Zutat

Dankbarkeit

»Nichts wird uns aufhalten. Alles ist möglich!«
Sagte Bill Clinton. Auf Deutsch, am 12. Juli 1994 vor dem Brandenburger Tor.

Hoffentlich sagen Sie das auch. Wenn Sie sich an das Nachkochen der Rezepte begeben. Alles ist möglich. Wirklich.

Sehr vielen Dank an diejenigen, die die entscheidenden Zutaten dieses Buches sind. Sie haben sich stundenlang befragen lassen und später sowohl Foto als auch Rezept hergegeben. Damit ein Text in einer fremden Sprache über sie entsteht.

Sie ist in beiden Sprachen zu Hause und hat den wohl liebenswertesten Blick auf ihre amerikanischen Landsleute. Das mag damit zu tun haben, dass sie selbst einer der liebenswertesten Menschen ist, die man sich vorstellen kann. Diana Robbins. Ohne sie hätte uns vielleicht doch noch etwas aufgehalten.

Nichts hat uns aufgehalten, wenn einer dieser beiden vorgeschlagen hat, wir könnten doch vielleicht noch ein weiteres Gläschen vertragen. Alle zusammen.

Danke an Karin Deckenbach und Jens Borchers. Die einen sehr, sehr langen Willkommensteppich in Washington ausgerollt haben.

Alles ist möglich, sogar fleischfreie Weihnachten. Hat uns Marion Schmickler beigebracht. Wir mussten nicht vor lauter Verzweiflung in die Dekorationsmuscheln beißen. Sondern haben uns obendrein noch von ihr und Mr. Teasmade, Frank Whitelock, mit viel Unterstützung beschenken lassen. Unser Dank kommt auch auf den Tisch.

Nichts wird sie aufhalten. In Kürze können Sie die spannende Geschichte lesen, die Antje Passenheim aufgeschrieben hat. Sie ist bald fertig. Wenn es uns gelingt, sie so zu unterstützen, wie sie uns unterstützt hat.

Der große Gefühlsamerikaner, Roberto Cappelluti, und die Verbündete der Estados-Unidos-de-América, Isabel Nieto, haben verhindert, dass sich ein irrsinniger Plan verwirklichte. Nur deswegen sind die beiden Autoren nicht in den Grand Canyon hinabgestiegen und konnten dieses Buch vollenden. Ein Dank in Demut.

In einer kleinen Straße in Washington D. C. rutschte die Bibel an die zweite Stelle. Wichtiger war: »The Book«. Damit meinten unsere Freunde und Nachbarn in der Sesame Street das Werk, das Sie soeben in den Händen halten. Many thanks to Liz, Nell, Sharahn, Muthoni, Jackie, Keith, Don, Andreas und Alan.

Die modernen Mittel der menschlichen Verständigung können auch ein Jammer sein. Es hat leider immer elektronisch geklappt. Dabei hätten wir so gerne einmal mit ihr auf der Washingtoner Terrasse gesessen. Sie hat es auf den Weg gebracht, sie hat es verteidigt und befördert: »The Book«. Alles wäre unmöglich ohne unsere Lektorin Helga Frese-Resch.

Sie war vor jeder Atlantik-Überquerung bestens vorbereitet. Wie immer duldsam gegenüber einer Gelegenheits-Rollstuhlfahrerin und kompromisslos mit den männlichen Urlaubern, als die in New York am liebsten eine ganz ruhige Kugel geschoben hätten. Uns hat sie auch angetrieben. So beharrlich, wie sie es immer wieder vormacht. So sanft, wie nur sie es kann. So loyal, wie wir es häufiger schon nicht verdient haben. Tausend Dank an Britta Korbmacher.

Anna hat einmal gestanden, dass sie während ihres Austauschjahres in New Jersey jeden Morgen Heimweh hatte. Und dass sie ganz oft die Antiamerikanerin vermisste, die sie auf diese Reise geschickt hatte.

Jörg versteht ganz und gar, warum man diese Frau vermissen kann. Sie ist seit mehr als 25 Jahren seine Freundin. Und auch seine Schwiegermutter.

Danke, Mama. Danke, Barbara.